《我们深圳》文丛

首部全面记录深圳人文的非虚构图文丛书

《我们深圳》丛书，

因“我们”而起，为“深圳”而生。

这是一套“故园家底”丛书。

这是一套“城市英雄”丛书。

这是一套“蓝天绿地”丛书。

这是一套“都市精灵”丛书。

《我们深圳》，是你的！

# 深圳河

钱飞鸣 / 著

水纪

我们深圳

深圳报业集团出版社

SHENZHEN RIVER

深圳河风光（唐桂生 摄）

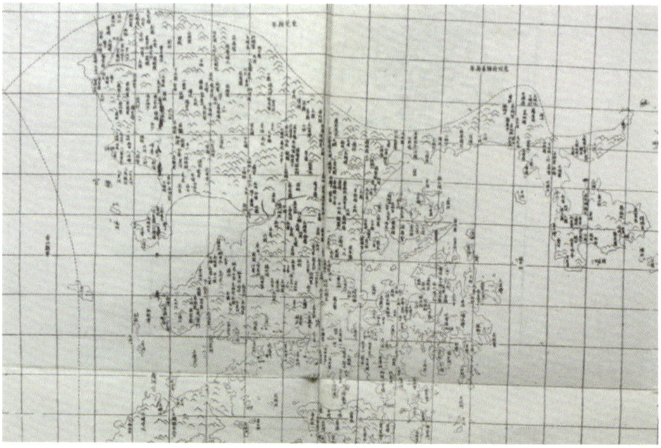

清宣统元年（1909年）测绘刊本《广东舆地全图·新安县》中深圳河流经的村落

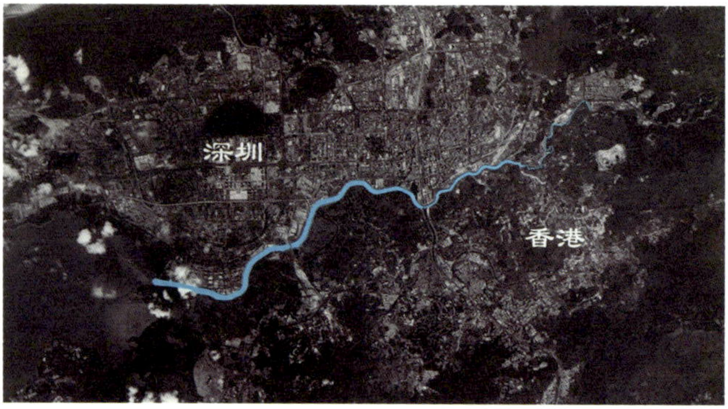


深圳河卫星图

20世纪30年代末，香港义勇军在深圳河

1972年，罗湖与香港交界处的深圳河

1975年，宝安县发出改造深圳河号召

1996年7月9日，罗湖口岸附近的深圳河

久久地、深情地注视你，直到成为缓缓流淌的爱（唐桂生 摄）

不夜河（谭三明 摄）

深圳河畔日出（唐桂生 摄）

繁忙的深圳河（于朋山 摄）

深圳河美景（薛辉 摄）

霞光中美丽的深圳河

红树林风光（唐桂生 摄）

深圳河默默地见证过去、现在（唐桂生 摄）

盯住每一缕变化，捕捉山水间的内涵与灵性（唐桂生 摄）

# 我们深圳

032

# 总序

《我们深圳》?

是的。我们，而且深圳。

所谓“我们”，就是深圳人：长居深圳的人，暂居深圳的人，曾经在深圳生活的人，准备来深圳闯荡的人；是所有关注、关心、关爱深圳的人。



所谓“深圳”，就是我们脚下、眼前、心中的城市：是深圳市，也是深圳经济特区；是撤关以前的关内外，也是撤关以后的大特区；是1978年以来的改革热土，也是特区建立之前的南国边陲；是现实的深圳，也是过去的深圳、未来的深圳。

《我们深圳》丛书，因“我们”而起，为“深圳”而生。

这是一套“故园家底”丛书，它会告诉我们：深圳从哪里来，到哪里去，路边有何独特风景，地下有何文化遗存。我们曾经唱过什么歌，跳过什么舞，点过什么灯，吃过什么饭，住过什么房，做过什么梦……

这是一套“城市英雄”丛书，它将一一呈现：在深圳，为深圳，谁曾经披荆斩棘，谁曾经独立潮头，谁曾经大刀阔斧，谁曾经侠胆柔情，谁曾经出生入死，谁曾经隐姓埋名……

这是一套“蓝天绿地”丛书，它将带领我们遨游深圳天空，观测南来北往的鸟，领略聚散不定的云，呼叫千姿百态的花与树，触碰神出鬼没的兽与虫。当然，还要去海底寻珊瑚，去古村采异草，去离岛逗灵猴，去深巷听传奇……

这是一套“都市精灵”丛书，它会把美好引来，把未来引来。科技的、设计的、建筑的、文化的、创意的、艺术的……这座城市，已经并且正在创造如此之多的奇迹与快乐，我们将召唤它们，吟诵它们，编织它们，期待它们次第登场，一一重现。

这套书，是都市的，是时代的。

是注重图文的，是讲究品质的。

是故事的，是好读的，是可爱的，是美妙的。

是用来激活记忆的，是拿来珍藏岁月的。

《我们深圳》，是你的！

胡洪侠

2016年9月4日

# 目录

CONTENTS

## 一、溯源



## 二、烽火



## 三、边境



## 四、通路

## 五、再造



## 六、净水

又划出了24个村庄。迁海之后，新安县域所剩无几，于是在康熙五年被撤，并入了东莞县。建于康熙七年的深圳墩台，正是这一特殊时期出现的基层哨所。康熙八年，清廷下令展

成“汛”表明“深圳”是要地康熙年间的“深圳墩台”，嘉庆年间已经升格为“深圳汛”。嘉庆本《新安县志》记载称，新安营属下的深圳汛有把总一员。把总在明代是个正七

营设立了六个汛房，只有深圳汛标注配备了一名把总。三年后完成修志的道光《广东通志》记载称，深圳汛有防兵十六名，把总一员，外委一员，拨兵三十名。汛是明清两代的军

目的是治内。历史学家罗尔纲总结称：“绿营设立汛地，其作用有四种：缉捕要案，防守驿道，护卫行人，稽查匪类”。深圳汛的作用，不外如此。相较于通常只有十名左右士

现的巡检廖膺宠，是另一个例证。按照官职的解释，明清时凡镇市、关隘要害处俱设巡检司，归县令管辖，一般秩正九品，有的地方还有文武巡检之分，有县派出机构之职能，

憾“已佚”。无论是“深圳墟”还是“深圳汛”，史书中只有寥寥数笔，留下了大段空白。“深圳河”古称“罗溪”“滘水”　先有深圳的地名，再有深圳河的河名。在不同历

溪之名据目前可考证的早期资料记载，深圳河在明代被称为罗溪。研究者的依据是深圳河畔罗湖村的族谱《袁氏家谱》。位于深圳火车站东侧的罗湖村，建村历史可追溯至明初。

开基之祖。在《袁氏家谱》里，记载了多位明朝初期先人的诗词，名为“罗溪”的深圳河一再出现。开基第二代传人袁百良的《卜居》称：“罗溪水长渔歌晚，梧岭峰高月吐迟

岐岭水还深，上有乔松百尺阴。何必更寻幽曲处，一竿明月可长吟。”袁皓的《晚兴》一诗，更是记下了三个深圳地名：“梧峰吐月映罗溪，缟带飘飘赤勘西”，其中的“赤勘”

。稍有变化的记载，是清雍正年间郝玉麟修、鲁曾煜纂的《广东通志》，深圳河在其中被称为“窖水”。“滘水”的最早记载可见于明嘉靖年间的官方文献。《广东通志初稿·

的“城”，是现在的南头古城。至于“钓口河”的表述，应是刊印有误缺，在此后的记载里都是“钓日河”。康熙本《新安县志》关于深圳河的记载，则更进一步点出了发源地。

游多条支流的发源地。现在的布吉，彼时还叫莆隔，而龙跃头，则是现时香港的上水。从布吉发源的，有沙湾河，也有布吉河；梧桐山流出的则有莲塘河；从现时香港区域龙跃头

曰河，北出曰大沙河，二支分流，至滘山合流而西，曰滘水经后黄冈，逶迤四十余里，入后海。”稍作对比，深圳河的表述在三百年间并无多大差异。比如“横岗山”的称呼变成

山土填高低洼地，这片土地便是现时的国贸一带，罗湖也从此不见“湖”。大沙河为何成了支流？关于深圳河的文献记述里，大沙河成了一条重要的支流。对于这个明显的误读，

大通三十余里至白石入后海。以深圳河水系来划分，大沙河是自成一体，并非支流；若以深圳湾水系来划分，大沙河便是第二大河，仅次于深圳河。水系图中的深圳河，在香港

独立的河流水系。关于深圳河支流的命名，还有一个特殊的印度元素。比如香港地界的梧桐河，英文名字叫River Indus，直译就是印度河；还比如平原河，英文名字叫River Ganges

和印度北部的比斯河重名，而比斯河也是印度河的支流；梧桐河的另一条支流丹山河，英文名称为River Jhelum，同样和印度河的支流杰勒姆河重名。不平等条约催生“深圳河”

了接管和统治新界的需要，急派时任港英政府辅政司的骆克（Stewart Lockhart）赶赴新界进行调查。经过近一个月的调查后，骆克写成《香港殖民地展拓界址报告书》，并于1898

在此之前并无书籍记载“深圳河”这一名称。骆克报告书首提“深圳河”1898年的《展拓香港界址专条》，是英国趁火打劫的产物。此前的中日甲午战争，清军惨败，诸强纷纷

所属的九龙半岛界限街以南的地区。驻港英军始终认为，必须进一步扩大范围，以“维护香港的安全”。1894年，时任港督威廉·罗便臣向英国殖民地大臣递交“拓界”报告，报

大鹏画一条线，线以南地区全归香港。这张地图，便是《展拓香港界址专条》粘附地图。在此后的若干文件中，又被简称为“《专条》粘附地图”。根据《展拓香港界址专条》，

克提交的《香港殖民地展拓界址报告书》，便是对“新界”地区的一次摸底调查。文件的第一条便列出了报告书的内容：新界的面积、港口、山脉、流域、水系、灌溉、土壤、产

了“深圳河”的名字。报道称：“水系和山系一样，分为南北两个部分。该地北部的主要河流和该地最大的河流是深圳河。深圳河有北、东、南三条支流：北部支流起源于东莞县

相当大的山溪，其可贵之处是为流经的耕地提供灌溉的水源，不过，它们没有商道价值，其水太浅，即使小船也不能航行，深圳河自深圳镇到河口一段，潮涨时宽60到80英尺，深7

当时深圳河的地理、人文、经济特征做全面综述的文字记录。骆克在报告书里提到：“《专条》粘附地图标出的边界线是一条从海到海的最短的线，从地图上计算是十一英里。从

为此，骆克在报告书建议：“两个国家之间引起摩擦最少的边界，不是有一条宽深的河流，就是有一个构成不同河谷的分水岭的山脊。新安县内没有一条可构成边界的宽阔河流，

河，而是新安县北部的群山。在现在的深圳地图上，大约就是塘朗山至银湖山至梧桐山一线。按照这个方案，九十多年后成立的深圳经济特区都将属于新界，“深圳河”不再是

克。梳理相关文献，骆克与王存善的谈判至少经历了三个回合的交锋。在第一回合中，王存善主张信守《专条》粘附地图的约定，而骆克则抛出了“自然界限”说，提出以山为界

图向他摆明，深圳和沙头角划入租界范围内无论对于中国还是这个政府相互都是有好处的。我还向他指出如果是这样，这些地方仍会向中国人做最大限度的开放，就像目前这样。

受英方提出的边界线。王存善的建议是：“以深圳河南边支流为界。”骆克对此的反应，是威胁拒绝谈判。在第三回合，王存善提出了妥协方案：“从深圳河口直到该河河源，再

同意。骆克本人事后承认，英国“完全控制了那条在《专条》粘附地图上没有包括在英国租借地内的河流”。这条河流，便是深圳河。3月16日至18日，王存善、骆克一行沿深圳河

人物，还有奥姆斯比以及英方专业测绘人员，华人面孔大多是从当地雇佣的杂役。这个界桩，是新界北部界限的起点，也就今天所说的“一号界碑”。在双方两天后签订的文件里

许多困难后，我已经说服中国定界代表同意将深圳河北岸至源头作为英国和中国两国领土间的边界。在新的拓展中能够取得对那条河的完全掌控，对于我来说是很满意的……如果

逐渐为世人熟知。两个签约人都是文化名人签署《香港英租界合同》，骆克时年41岁，王存善时年50岁。讲述《展拓香港界址专条》签订时期的香港历史，弗兰克·韦尔什在所

有其他的名称叫“骆璧”“骆檄”“骆任廷”。从职业履历来看，骆克有着远比一般殖民地官员光鲜的背景。骆克1858年生于苏格兰的阿及尔郡，自幼就读于爱丁堡的沃森学校，

性情倔强，骆克与时任港督卜力在工作上产生矛盾，于是放弃升任总督的机会，主动要求前往威海卫。1902年，骆克被派往威海卫任行政长官。在《香港殖民地展拓界址报告书》

回到伦敦，潜心中国文学研究。同年，港英政府在铜锣湾一带填海。为表彰骆克，填海区域中的一条滨海道路被命名为骆克道。　骆克于1937年去世，时年79岁。在骆克留下的读书

。在母校沃森学校，他捐赠了满满一屋的收藏文物，藏品中有春秋时期的铜鼓、宋代的釉盘等等。此外，他非常崇拜孔子，1903年访问过曲阜孔府，成为孔府接待的第一位西方

至广东，光绪年间曾署知南海，官任虎门同知，并管理广州税局。1900年，王存善迁居上海。辛亥革命后，王存善出巨资购得众多流散的图书，“知悔斋”藏书共达20余万卷。19

中华民国临时政府行政委员会委员长，成为与汪精卫齐名的投降派。抗战胜利后，定性汉奸的王克敏于狱中自杀。　深圳河的源头在哪里？“深圳河发源于近伯公坳的莲麻坑东面，

正式表述。两个版本的地理表述差异明显，根源却在于源头不同。深圳河的干流并无争议，起点就是沙湾河和莲塘河交汇的三岔河口。争议在于上游：在香港方面的表述里，深圳

版本的《县志》里，都留下了梧桐山和“梧岭天池”的记载，而且将“梧岭天池”列为“新安八景”之一。一个名叫李可成的清朝诗人，更为“新安八景”一一留下了七言律诗。

嘉庆本的《县志》重复了康熙本的文字，只增加了一句话：“邑之祖龙也。”或许是“祖龙”之说，深圳河的源头一直和梧桐山相联，还隐约与天池挂钩。在香港方面的表述里，

香港方面一直认为莲塘河是深圳河的干流，从而将莲塘河的发源地梧桐山定为深圳河的源头。确定河流源头有一个原则，叫“惟长为源”，简单来说就是比长度，最长的支流便是

003年才正式揭晓。根据深圳水务专家王若兵的说法，当年深圳进行了一次考察，以“惟长为源”为准，确定深圳河发源于梧桐山牛尾岭南坡。牛尾岭是一座海拔214米的山岭，位

的汇入深圳河的支流布吉河，西南坡的汇入深圳河的上游沙湾河。这个“惟长为源”的地理发现，改变了很多“老深圳”的原有观念。一个重要的原因是，1959年在沙湾河上修建

源头。在报道中，上木古社区的老村民蔡炳仁老人回忆称，小时候常常跑到牛尾岭放牛，那时山上多有清泉冒出，渴的时候随手一掬就有水喝了。老人说：“那是一条沙河，从山

也有两个，“一个在深圳，一个香港，后来有考察团证实牛尾岭才是深圳河真正的发源地。”最远的水是牛尾岭的雨滴　在《深圳晚报》的活动之前，深圳的《晶报》在2013年8月

河干流。在上李朗生活了40年的凌育开是黄牛湖水库的管理员。他表示，原来水库所在地是一片田地，有一条从水库北边牛尾岭顺流而下的小溪流。“小时候我们还可以‘探访深

源头了。”　三年后的再度寻访，同样没有找到河流的痕迹。《深圳晚报》引用深圳市水务局专业人士的话称：“深圳河源头的牛尾岭，不像长江黄河的源头，由雪山冰川的融水汇

能找到的最上游的沙湾水。”参加《深圳晚报》活动的市民中，有一位名叫马继远的公务员。在《深圳特区报》的副刊版，马继远发表了《走近深圳河》一文，详细记载了这一

跌入下面的石坑，聚成一小潭水，约两个面盆大小，一指深浅。同去的平湖街道上木古社区蔡炳仁老人讲，我们今天运气好，源头主要是靠雨水，平时在枯水期，潭水早干涸了

设，河道被遮盖或填埋了。无论如何，在牛尾岭，能找到这一潭水，都值得庆幸。我也便相信，这里是深圳河的源头，是深圳河的初心所在。”历史上的深圳河，有过许多名字，

段。2013年，《晶报》记者采访到时年74岁的丹竹头社区退休干部凌辉明。18岁时，凌辉明离开河边的家参与深圳水库建设，完工时带了不少渔钩、渔叉和渔网回家，而且“那时

油污。”他还说，别说下河戏水，就连鱼儿，有的被毒死，没毒死的鱼肉也是臭的。　2016年底的报道，同样有着蔡炳仁老人的感慨。他说，小时候河沟里的水可以直接喝，很甜

生存，深圳河成为了深圳之痛。　2017年1月的深圳“两会”，市人大代表吴滨建议将深圳河定位为“母亲河”，并在其源头树立“源头碑”。吴滨表示，“环境变好，这就是我

用一条母亲河去凝聚大家的家园意识，可以让大家更爱这座城。参加过深圳河探源活动的市民陆垚臻则称：最直观的感受是原来源头水是可以直接喝的，通过命名能对市民以及来

是否也会留给他们一个关于“水”的美好记忆，将深圳河定位为“母亲河”或许是个不错的选择，深圳不仅要有高楼大厦，也更需要青山绿水。2015年后，深圳全面启动治水，

**溯源：**『源』本作『原』，**水流所从出**。溯源，即往上游寻找发源地，比喻**向上寻求历史根源**。

# 一

## 溯 源

深圳河，是城市熟悉的陌生人。

行走在深圳市区，河流无处不在。光是路名，东有沿河路，西有滨河路，已经画出了深圳河的方向。然而，这又是一条陌生的河流，物理距离是铁丝网，心理距离便是气味。

有一首叫《东方之珠》的歌这样唱道："小河弯弯向南流，流到香江去看一看。"这条小河，便是深圳河。专业的表述是：发源于梧桐山牛尾岭，深圳河由东北向西南流入深圳湾，全长约37公里，河道平均比降1.1%，水系分布呈扇形，主要支流有深圳一侧的布吉河、福田河、皇岗河及香港一侧的梧桐河、平原河。流域面积312.5平方公里，其中深圳一侧187.5平方公里，占60%，香港一侧125平方公里，占40%。

本书中的深圳河定位极其精准：在珠江口东侧，位于东经114°至东经114°12′55″，北纬22°27′至北纬22°39′之间。在中国广袤的土地上，这不是一条大河，却是中国近代史上最有故事的一条河。最为关键的表述在于：深圳河干流及其支流莲塘河为深港交界的界河，长约25公里。

假如不曾出现风云变故，没有香港，没有深圳，也不会有深圳河。

# 深圳的“圳”是指深圳河吗

深圳的得名与河相关。

圳者，中国南方对田野山边河沟的称谓。依照字面的理解，“深圳”就是一条很深的河沟。

这条河沟是深圳河吗？可以说是，也可以说不是。

说是，是因为根据现有史料记载判定，“圳”的名称叫“清水河”，也就是现在的布吉河，属于深圳河的支流；说不是，是因为“深圳”这个名字的出现早于深圳河，深圳河是因为深圳而得名。

关于“深圳”的起源，有一种说法追溯至明永乐八年（1410 年），称有文字记载出现“深圳”之名。引用者表示，深圳最初应该只是一个小村庄的名字，村庄建于一条叫“深圳”的河沟边。这种说法并未得到历史研究者的支持。

“深圳”之名，目前确凿的最早史籍记载是1688年编撰的《新安县志》。这本成于康熙二十七年（1688年）的《县志》里，“深圳”是一个墟市的名字，叫“深圳墟”，还是一个烽火台的名字，叫“深圳墩台”。1819年编撰的嘉庆本《新安县志》，“深圳墩台”升级为“深圳汛”，是一个军事基层建制。

## 清代的“深圳”是个墟市名

无论是墟市还是哨所，形成都需要时间的沉淀。在历史研究者严谨的说法里，“深圳”之名的最早记载应是1688年的《新安县志》，而“深圳墟”始于何时已不可考。

从村到墟，“深圳”沉浮于时间长河里。直至康熙年间，新安知县靳文谟编修《新安县志》，正式记录下了“深圳”这个名字。在这本县志里，“深圳”多处出现。在《卷之三·地理志》里，记录下了近三十个“墟市”的名称。除了“深圳墟”，还有“下步墟”“月岗屯墟”。“下步墟”所在的位置，便是现在的下步庙住宅区；而“月岗屯墟”的位置，便是现在的蔡屋围一带。深圳建市之初，蔡屋围有一个菜市场，市场入口处为解放纪念碑。在菜市场的旧址上，现在一边是地王大厦，另一边则是深圳罗湖书城、深圳证交所大厦。

没有成为史料中的重点记载对象，这和“深圳”的地位有关。深圳历史上最早的行政管理建制叫“东官场”。公元前214年，秦始皇平定岭南后设南海郡，下辖番禺、博罗、中宿、龙川、四会、揭阳六县。汉代推行盐铁官营政策，番禺县的盐官“东官”职位为正三品，而“东官”驻扎的东官场就是现今南头。此后两千年，南头一直是现在深圳地区的行政中心，而“深圳墟”所在的罗湖区域，只是普通的乡村。

从罗湖一带村落的形成历史推算，“深圳墟”应在明代中期已经形成，当时这片区域相继出现了赤勘村（今蔡屋围）、罗湖村、隔塘村（今水贝村）、湖贝村、向西村、黄贝岭村和南塘村等村落。

深圳历史专家张一兵先生在《康熙新安县志校注》中称，深圳墟即罗湖区东门老街，旧城改造后已毁。墟，是乡间自发形成的集市。每到农历之二、五、八日，深圳墟便迎来一片热闹的“墟日”（赶集日），最为繁荣之处是东门一带。深圳博物馆近代史馆资料显示，明清时期的深圳墟共有四门：“东门的位置在今天的解放路和东门中路的交叉点，西门的位置大致在新园路与永新路交汇处，南门在南庆街尾，北门在深圳中学南边的沼泽地。”这片区域成为村落聚集区，得益于深圳河及其支流的哺育。在交通并不发达的古代，深圳河及其支流的存在，无疑是一种“交通红利”。



## 桥梁的记载留下深圳河的身影

那条深水沟，便在“深圳墟”的西侧。

康熙本《新安县志》记载了惠民桥的来历：“惠民桥，在深圳，河沟深浚，凡遇雨潦、潮涨，往来维艰；更有不知深浅，力遭淹溺。康熙二十八年，巡检廖膺宠建造石桥，名曰惠民。”

惠民桥，便是人民桥的前身。以现在的地理位置来推断，“深圳”

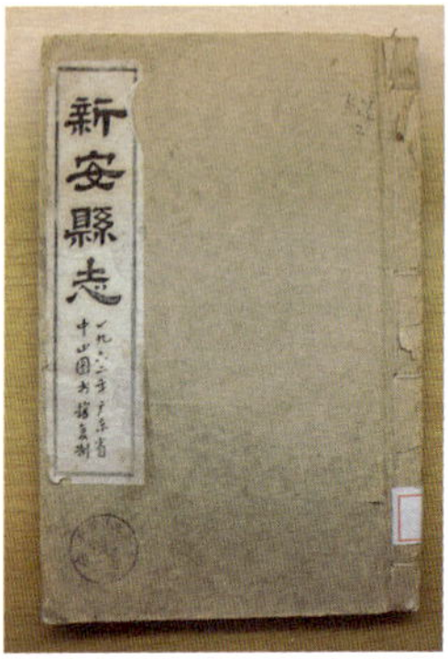


1962年广东省中山图书馆复制的康熙本《新安县志》封面

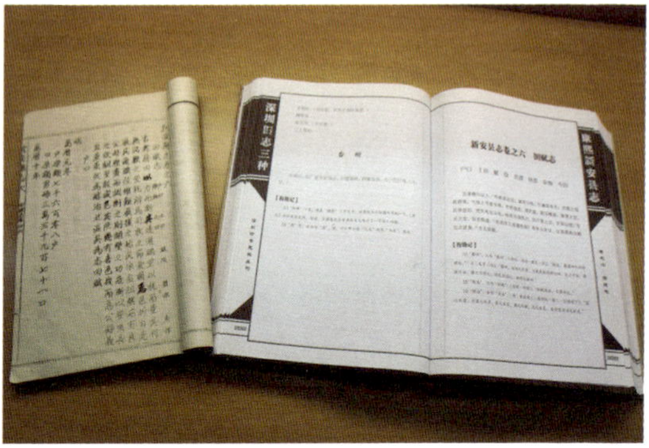


1962年广东省中山图书馆复制的康熙本《新安县志》内页



之“圳”，是布吉河，当年还称作清水河。彼时的布吉，名字还叫“莆隔”，改名是因为两百多年后的广九铁路设站“布吉”。

同样在康熙本《新安县志》中，深圳河的影子隐约浮现。巡检廖膺宠建造石桥之前，还建了一座木桥：“天渡桥，在月岗屯蔡家围前，康熙二十六年，巡检廖膺宠建，潮涨，漂大木，如桥形，因之造，名天渡。”

这段文字其实讲述了一个有趣故事：廖巡检在河水里发现了一根大木头，于是就在蔡家围前建了座木桥。深圳河，便在“潮涨”两字间漂浮。可以猜想，这根如同桥状的大木头是在运输途中落水，随着深圳湾的潮水漂进了深圳河，然后如同天赐的礼物，变成了“天渡桥”。目前，天渡桥不复存在。

从目前的史料记载来看，清代的“深圳”是墟市之名，并非河流之名。清代嘉庆年间陈昌齐等编撰的《广东通志》中，在“水利”中也有涉及“深圳”的记录：“军陂，在深圳右侧，发源于梧桐莆，灌田十余顷。”

道光二年（1822年）完成第六次纂修的《广东通志》，在“舆地略”中留下一张关于现今深港地区的地图，当中有新安县，也有“深圳”地名。由阮元主持的此次修志，始于嘉庆二十三年（1818年）。1819年完成的嘉庆本《新安县志》，便是省志下的县志。

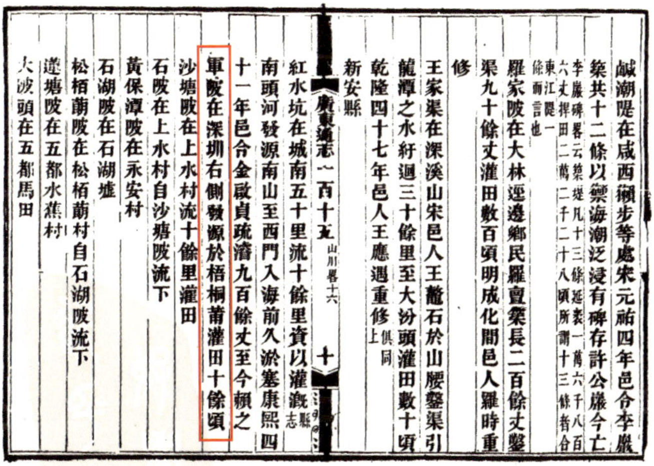
鹹潮隄在咸西獺步等處宋元祐四年邑令李巖
築共十二條以禦海潮泛浸有碑存許公巖今亡
李巖碑畧云築堤凡十三條延袤一萬六千八百六丈捍田二萬二千二十八頃所謂十三條者合東江隄一條而言也
羅家陂在大林逕邊鄉民羅亶槩長二百餘丈鑿
渠九十餘丈灌田數百頃明成化間邑人羅時重
修
王家渠在深溪山宋邑人王龍石於山腰鑿渠引
龍潭之水紆迴三十餘里至大汾頭灌田數十頃
乾隆四十七年邑人王應遇重修俱同上
新安縣
廣東通志一百十五 山川畧十六 十
紅水坑在城南五十里流十餘里資以灌溉縣志
南頭河發源南山至西門入海前久淤塞康熙四
十一年邑令金啟貞疏濬九百餘丈至今賴之
軍陂在深圳右側發源於梧桐莆灌田十餘頃
沙塘陂在上水村流十餘里灌田
石陂在上水村自沙塘陂流下
黃保潭陂在永安村
石湖陂在石湖墟
松栢蔴陂在松栢蔴村自石湖陂流下
蓮塘陂在五都水蕉村
大陂頭在五都馬田

清代嘉庆年间，陈昌齐等编撰的《广东通志·卷一百十五·山水略十六·水利一》中有关“深圳”的记载

# 最早的地图标注是个“汛”

《广东通志》的收录，使得“深圳”最晚在1822年便已登上地图。然而，这并非“深圳”在地图上的最早标注。从目前收集到的公开史料来看，目前发现的最早标注是一个基层哨所，叫做“深圳汛”。

深圳海洋学者梁二平撰文称，自己能够找到的古代地图中，最早绘有“深圳汛”的那张是现藏于美国国会图书馆的《广东通省水道图》。手绘地图纵151厘米，横277厘米，展示了广东全省的水道图景。在大鹏所城南边，画有一个墩台，清楚标注了“深圳汛”。地图没有标注绘制时间，收藏机构推测大约绘于1817年。



## 军制中的“深圳”是座瞭望台

在明清两朝，“汛”是军队驻防营地的称呼，通常大者为营，小者为汛。深圳汛，就是一个哨所，驻扎在“深圳”这个地方。

不过，深圳最早成为军事建制，起点比“汛”还要低。在康熙本《新安县志》里，“深圳”是一座墩台的名称，而且标明了设立时间——康熙七年（1668年）。墩台，就是烽火台。隶属于“新安营地方”的深圳墩台，和五通岭、大梅沙、小梅沙等三座墩台，“俱改作瞭望台，每台设兵十名”。

康熙本《新安县志》关于军制的回顾称，“洪武二十七年（1394

《广东通志·卷八十三·舆地略一》中，留下了“深圳”地名



年），指挥花茂奏设东莞、大鹏二所，以备倭患；屯种荒田；且耕且守”。嘉庆本《新安县志》的记载则记录了“二所”的位置，东莞守御所“在县治城中”，也就是现在的南头古城；大鹏守御所“在县治东北”，也就是现在的大鹏所城。如何“以备倭患”？“分筑墩台”是具体措施。

花茂上奏的时间其实是洪武十七年（1384年），东莞、大鹏二城的建设时间是洪武二十七年（1394年）。设立两座所城，防御的正是“倭患”。朱元璋开国之后，倭寇便已侵扰广东一带。《太祖实录》有着这样的记录，因为怠慢军机，潮州卫指挥佥事李德等将领，在洪武八年（1375年）被押往南京斩首示众。有明一代，深圳地区倭患不绝，抗倭战争尤其嘉靖、隆庆年间最为惨烈。根据史书记载，千户李茂才、百户吴纶相继在隆庆年间抗倭战死，大鹏所城在隆庆五年（1571年）甚至被围困多达40余天。

清代所患，并非倭寇，而是郑成功的势力。为了断绝东南沿海的支援，清朝顺治十八年（1661年）颁布“迁海令”，深圳地区正是重灾区。所谓“迁海”，就是在沿海50里划地为界，强令居民迁往内地，禁止出海，形成“无人区”。此次“初迁”，新安县涉及范围多达三分之二，就连县治南头也在界限之内。康熙元年（1662年），清廷再度扩大迁海范围，新安县在“续迁”中又划出了24个村庄。迁海之后，新安县域所剩无几，于是在康熙五年（1666年）被撤，并入了东莞县。

建于康熙七年（1668年）的深圳墩台，正是这一特殊时期出现的基层哨所。康熙八年（1669年），清廷下令展界，允许部分北迁居民重返家园，新安就此复县。康熙二十二年（1683年），施琅收复台湾，全面复界也在第二年实行。清朝深圳地区的兵制大体沿袭明代，深圳墩台的作用，正是南头和大鹏两个军事重镇通信线路上的一个节点。

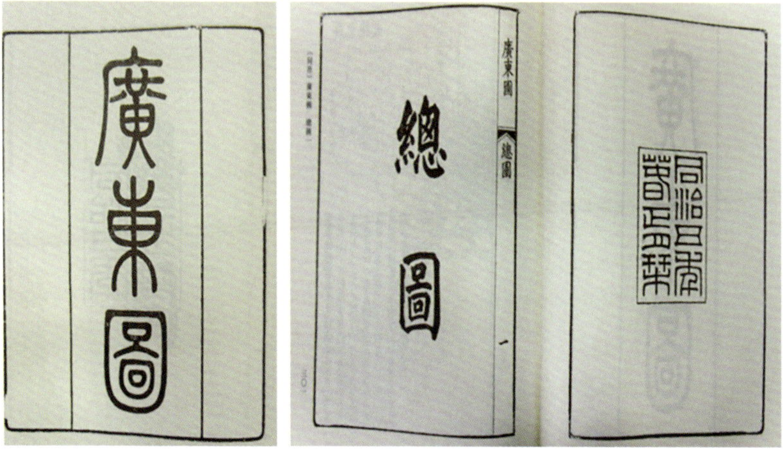


清同治三年（1864年）《广东图》



## 成“汛”表明“深圳”是要地

康熙年间的“深圳墩台”，嘉庆年间已经升格为“深圳汛”。

嘉庆本《新安县志》记载称，新安营属下的深圳汛有把总1员。把总在明代是个正七品的中层军官，可以率战兵约440人，尽管这个职位在清代地位下降，但也是录入营册的基层军官。按照《县志》记载，兵员千人的新安营设游击1员、中军守备1员、千总2员、把总4员、外委5员。这一时期，新安营设立了6个汛房，只有深圳汛标注配备了1名把总。3年后完成修志的道光《广东通志》记载称，深圳汛有防兵16名，把总1员，外委1员，拨兵30名。

“汛”是明清两代的军事单位，但在两代的功能差别较大。明代汛地相对较少，主要分设于边塞要地，主要目的是御外敌。在史书记载中，明代的南头水寨共下辖6处汛地，分别是佛堂门、龙船湾、格洛、大澳、浪淘湾、浪白。清代汛地数量较多，目的是治内。历史学家罗尔纲总结称：“绿营设立汛地，其作用有四种：缉捕要案，防守驿道，护卫行人，稽查匪类。”深圳汛的作用，不外如此。

相较于通常只有十名左右士兵的普通汛房，“深圳汛”显然是个大汛。清代两本《新安县志》修志相隔120年，从墩台升级至汛房，这从一个侧面反映了“深圳”的地位不断提升。至少，“深圳”在新安县是个要害之地。

康熙本《新安县志》中出现的巡检廖膺宠，是另一个例证。按照官职的解释，明清时凡镇市、关隘要害处俱设巡检司，归县令管辖，一般秩正九品，有的地方还有文武巡检之分，有县派出机构之职能，亦有副巡检（从九品）之说。

从文字记载来看，深圳地区自元以来有过多次修志，大多流失，目前仅有清代两本《新安县志》存世。从康熙本《新安县志》等史书收录的文章来看，明朝万历、崇祯年间均有修志，但都遗憾“已佚”。无论是“深圳墟”还是“深圳汛”，史书中只有寥寥数笔，留下了大段空白。

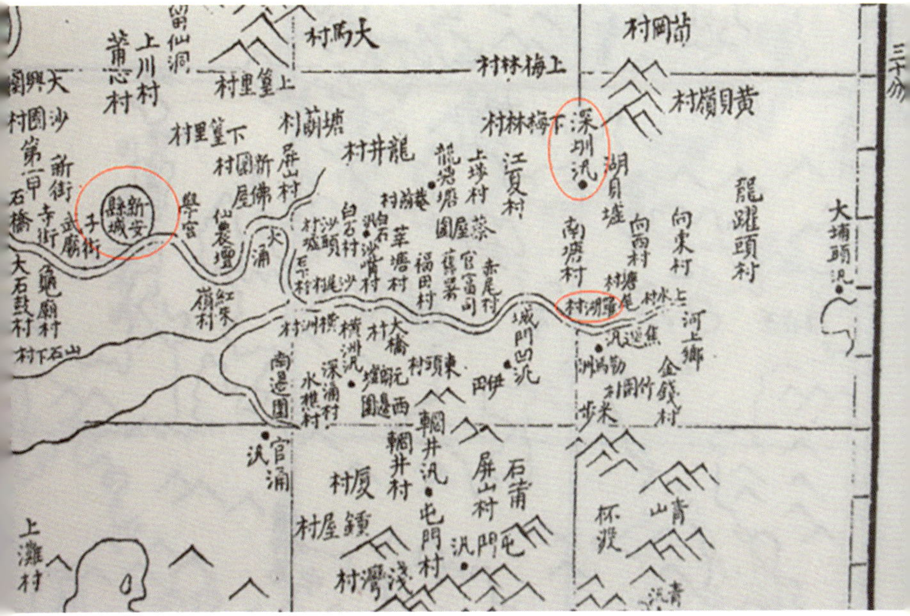


清同治三年（1864年）《广东图》中的“深圳汛”

# “深圳河”古称“罗溪”“滘水”

先有深圳的地名，再有深圳河的河名。在不同历史时期，深圳河曾被称为“罗溪”“滘水”（窖水）。此外，深圳河也被称为“明溪”和“清河”。自1898年中英签订《展拓香港界址专条》系列文件起，“深圳河”之名第一次被正式记入文献，作为界河沿用至今。

## 《袁氏家谱》记载“罗溪”之名

据目前可考证的早期资料记载，深圳河在明代被称为罗溪。



研究者的依据是深圳河畔罗湖村的族谱《袁氏家谱》。位于深圳火车站东侧的罗湖村，建村历史可追溯至明初。罗湖袁氏发源于河南汝南，1000多年前来到东莞温塘定居。洪武初年（1368年），罗湖袁氏先祖袁彦安屡考不中，从东莞温塘迁至罗湖村隐居为乐。袁彦安与两个儿子在罗湖置田1700亩，建公祠，筑室居，成为罗湖村袁氏的开基之祖。

在《袁氏家谱》里，记载了多位明朝初期先人的诗词，名为“罗溪”的深圳河一再出现。开基第二代传人袁百良的《卜居》称：“罗溪水长渔歌晚，梧岭峰高月吐迟”，当中的“罗溪”即深圳河，“梧岭”便是梧桐山。这也是有关深圳河最早的文字记载。

此后的袁渔隐在《携客游罗溪作脍》一诗中称：“罗溪水长鳜鱼肥，同客观潮坐石矶。”他的另一首诗《游罗溪》则称：“罗溪峻岭水

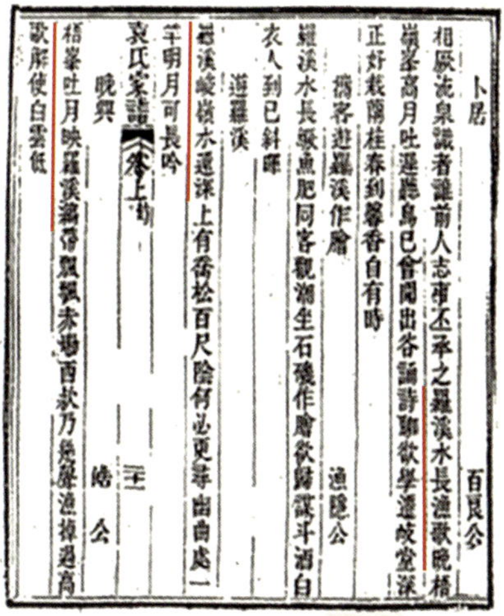

卜居　百朋公
相厥流泉識者誰前人志事丕承之羅溪水長漁歌晚梧
崙峯高月吐遲聽鳥已會開出谷論詩聊欲學遊岐堂深
正好栽蘭桂春到馨香自有時
携客遊羅溪作贈　漁隱公
羅溪水長飯魚肥同客觀潮坐石磯作贈欲歸謀斗酒白
衣人到已斜暉
遊羅溪
羅溪峻嶺亦還深上有喬松百尺陰何必更尋幽曲處一
竿明月可長吟
袁氏家譜《卷上》　三
晚興　皓公
梧峯吐月映羅溪縞帶飄飄赤勘西欵乃無聲漁棹過高
歌聲使白雲低

深圳罗湖村《袁氏家谱》中记载有“罗溪”的诗词

还深，上有乔松百尺阴。何必更寻幽曲处，一竿明月可长吟。”袁皓的《晚兴》一诗，更是记下了三个深圳地名：“梧峰吐月映罗溪，缟带飘飘赤勘西”，其中的“赤勘”便是现在的蔡屋围。直到清朝初期，“罗溪”之名仍在使用。康熙年间，袁居易撰写《袁氏家谱序》，仍将深圳河称为“罗溪”。

## 嘉靖年间文献称谓“滘水”

明朝中后期，深圳河开始有了官方正式称谓——“滘水”。稍有变化的记载，是清雍正年间郝玉麟修、鲁曾煜纂的《广东通志》，深圳河在其中被称为“窖水”。

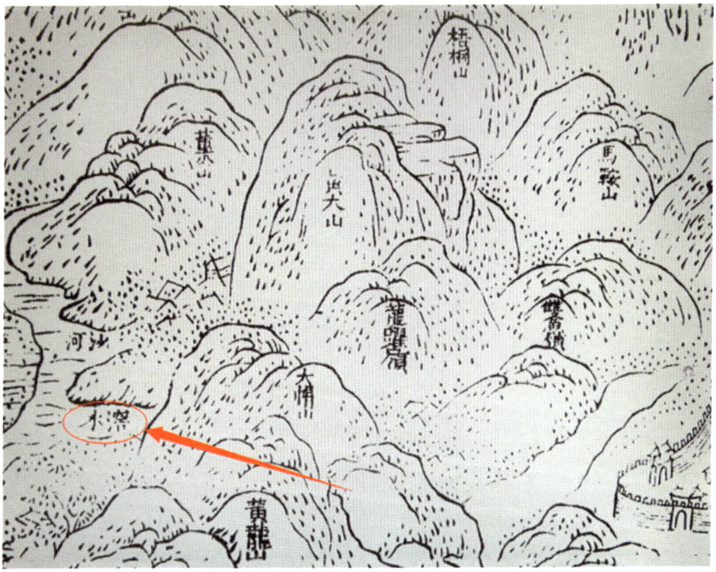


清康熙年间《广东舆图》中的“滘水”图

“滘水”的最早记载可见于明嘉靖年间的官方文献。《广东通志初稿·广东舆图卷二·新安县》记录称：滘水，在城东四十里，发源于梧桐山，西流曰“钓口河”，北出曰“大沙河”，二支分流，至滘山合流而西，曰“滘水”，经横岗山，逶迤四十余里而入后海。

“城东四十里”表述中的“城”，是现在的南头古城。至于“钓口河”的表述，应是刊印有误缺，在此后的记载里都是“钓日河”。

康熙本《新安县志》关于深圳河的记载，则更进一步点出了发源地。原文如下：“滘水，在城东四十里，发源于梧桐、莆隔、龙跃头诸山，西流曰钓日河，北出曰大沙河，二支分流，至滘山合流而西，曰滘水，经横岗山，逶迤四十余里，入后海。”

康熙年间的记载，点出了深圳河上游多条支流的发源地。现在的布吉，彼时还叫莆隔，而龙跃头，则是现时香港的上水。从布吉发源的，有沙湾河，也有布吉河；梧桐山流出的则有莲塘河；从现时香港区域龙跃头双鱼山流出的，则是梧桐河。

嘉庆本《新安县志》关于深圳河的描述更为细致，“右莆隔左龙跃”的说法点出了深圳河两条支流，原文记载如下：“滘水，在城东四十里，发源于梧桐右莆隔左龙跃双鱼诸山，西流曰钓日河，北出曰大沙河，二支分流，至滘山合流而西，曰滘水经后黄冈，逶迤四十余里，入后海。”

稍作对比，深圳河的表述在三百年间并无多大差异。比如“横岗山”的称呼变成“黄冈”，但地点一直是现时的皇岗山所在。至于“滘山”，应是罗湖山。1979年深圳建市后，遭遇一场特大洪水，东门老街到火车站一片地区漫成泽国。第二年，深圳市政府决定搬掉50米高的罗湖山，用130万立方米的山土填平低洼地，这片土地便是现时的国贸一带，罗湖也从此不见“湖”。

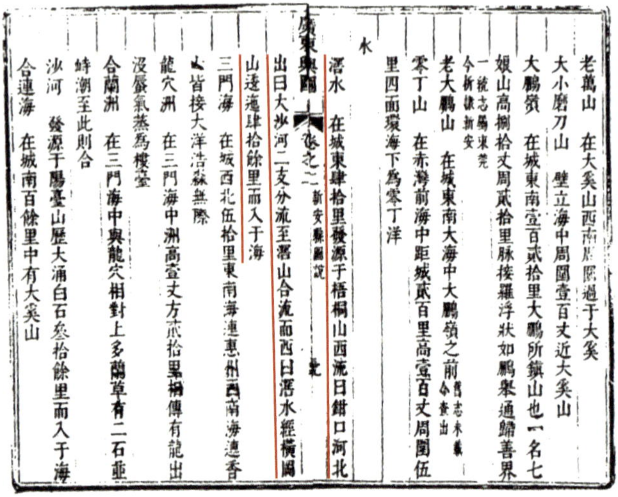
廣東輿圖　卷二

老萬山　在大奚山西南屈過于大奚
大小磨刀山　壁立海中周圍壹百丈近大奚山
大鵬嶺　在城東南壹百貳拾里大鵬所鎮山也一名七
娘山高捌拾丈周貳拾里脉接羅浮狀如鵬舉通歸善界　一統志屬東莞今析隸新安
老大鵬山　在城東南大海中大鵬嶺之前　舊志未載今查出
零丁山　在赤灣前海中距城貳百里高壹百丈周圍伍
里四面環海下為零丁洋
水
滘水　在城東肆拾里發源于梧桐山西流曰錯口河北
廣東輿圖　卷之二　新安縣圖說
出曰大沙河二支分流至滘山合流而西曰滘水經横岡
山透進肆拾餘里而入于海
三門海　在城西北伍拾里東南海連惠州西南海通香
山皆接大洋浩森無際
龍穴洲　在三門海中洲高壹丈方貳拾里相傳有龍出
沒蜃氣蒸為樓臺
合蘭洲　在三門海中與龍穴相對上多蘭草有二石壘
峙潮至此則合
沙河　發源于陽臺山歷大涌白石叁拾餘里而入于海
合連海　在城南百餘里中有大奚山

“滘水”最早的记载可见明嘉靖年间的《广东通志初稿·广东舆图卷二·新安县》

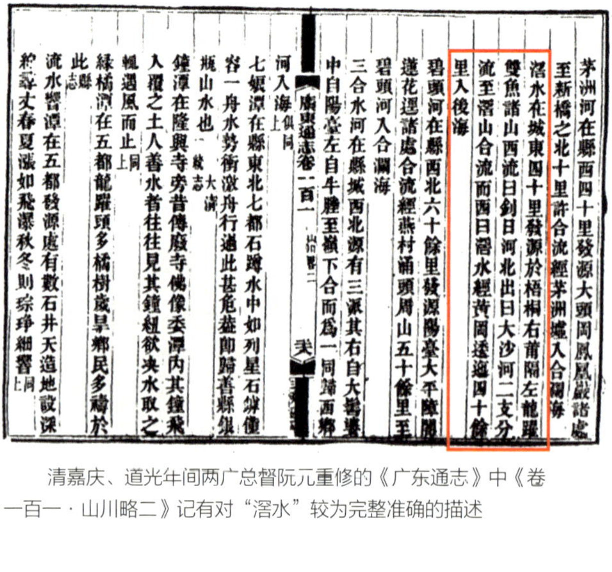
茅洲河在縣西四十里發源大頭岡鳳凰巖諸處
至新橋之北十里許合流經茅洲墟入合瀾海
滘水在城東四十里發源於梧桐右莆隔左龍躍
雙魚諸山西流曰釗日河北出曰大沙河二支分
流至滘山合流而西曰滘水經黄岡透邏四十餘
里入後海
碧頭河在縣西北六十餘里發源陽臺大平嶂[illegible]
蓮花逕諸處合流經燕村涌頭周山五十餘里至
碧頭河入合瀾海
三合水河在縣城西北源有三派其右自大[illegible]
中自陽臺左自牛膽至嶺下合而為一同歸西鄉
河入海　俱同上
廣東通志卷一百一　山川略二
七娘潭在縣東北七都石蹲水中如列星石罅僅
容一舟水勢衝激舟行過此甚危益削歸善縣界
瓶山水也　大清一統志
鐘潭在隆興寺旁昔傳廢寺佛像委潭內其鐘飛
入覆之土人善水者往往見其鐘紐欲夾水取之
輒遇風而止　同上
綠橘潭在五都龍躍頭多橘樹歲旱鄉民多禱於
此　縣志
流水響潭在五都發源處有數石井天造地設深
約尋丈春夏漲如飛瀑秋冬則淙琤細響　同上

清嘉庆、道光年间两广总督阮元重修的《广东通志》中《卷一百一·山川略二》记有对“滘水”较为完整准确的描述

## 大沙河为何成了支流?

关于深圳河的文献记述里，大沙河成了一条重要的支流。对于这个明显的误读，原因在于古人眼中的深圳河，并未能够严格定义入海口，因此深圳河入海的深圳湾也就成了深圳河的一部分。

对于大沙河，嘉庆本《新安县志》描述明确："大沙河，在城东北数里，发源阳台、丫髻、董公诸山，历新围大涌三十余里至白石入后海。以深圳河水系来划分，大沙河是自成一体，并非支流；若以深圳湾水系来划分，大沙河便是第二大河，仅次于深圳河。"

水系图中的深圳河，在香港一方有梧桐河、石上河、双鱼河、新田河和平原河，在深圳一方则有沙湾河、莲塘河、布吉河、福田河、皇岗河。皇岗河是深圳河入海前的最后一条支流，以至于常被误认为属于深圳河支流的新洲河、凤塘河，其实都是独立的河流水系。

关于深圳河支流的命名，还有一个特殊的印度元素。比如香港地界的梧桐河，英文名字叫River Indus，直译就是印度河；还比如平原河，英文名字叫River Ganges，和印度恒河重名。究其原因，是英国强租新界后于1899至1903年间进行地理测绘，执行这项任务的是印度测量人员。于是在新界地图上，印度河流的名称频频出现：双鱼河是梧桐河的支流，英文名为 River Beas，这和印度北部的比斯河重名，而比斯河也是印度河的支流；梧桐河的另一条支流丹山河，英文名称为River Jhelum，同样和印度河的支流杰赫勒姆河重名。

# 不平等条约催生“深圳河”

作为河流名称，“深圳河”何时第一次出现?

时间是1898年，和中英《展拓香港界址专条》有直接关系。1898年6月9日，英国迫使清政府签订了有关香港的第三个不平等条约——中英《展拓香港界址专条》。英国政府出于接管和统治新界的需要，急派时任港英政府辅政司的骆克（Stewart Lockhart）赶赴新界进行调查。经过近一个月的调查，骆克写成《香港殖民地展拓界址报告书》，并于1898年10月呈送英国政府。

在骆克的这份报告书里，第一次出现“深圳河”的名称。研究者曾对香港大学图书馆、广东省立中山图书馆、中山大学图书馆、深圳图书馆、深圳大学图书馆的古籍和历史档案进行筛查，结论是在此之前并无书籍记载“深圳河”这一名称。



## 骆克报告书首提“深圳河”

1898年的《展拓香港界址专条》，是英国趁火打劫的产物。此前的中日甲午战争，清军惨败，列强纷纷提出租借要求，英国便在1898年提出了香港“拓界”，并租借威海卫。

1840年英国发动鸦片战争，强迫清政府签订《南京条约》，割占新安县所属的香港岛；1856年英法联军发动第二次鸦片战争，英国又割

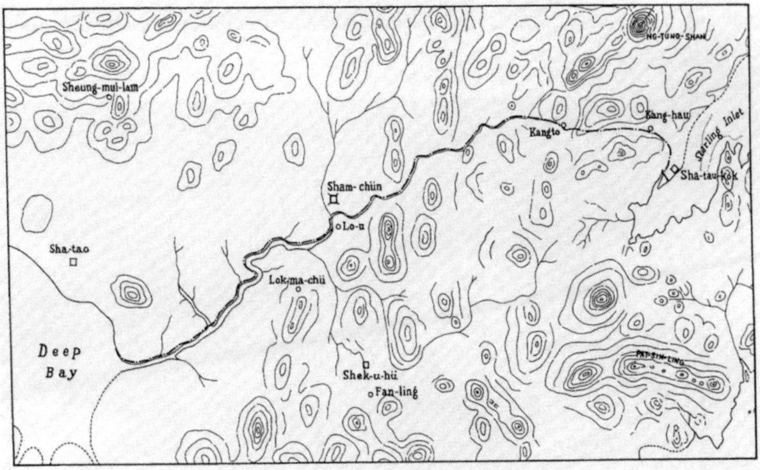


1899年《香港英新租界合同》中有关“深圳河”的记载



占了新安县所属的九龙半岛界限街以南的地区。驻港英军始终认为，必须进一步扩大范围，以“维护香港的安全”。1894年，时任港督的威廉·罗便臣向英国殖民地大臣递交“拓界”报告，报告指出：香港边界应该扩展到大鹏湾，从那里伸延到后海湾。

1898年4月，英国驻华公使窦纳乐向清政府总理大臣李鸿章出示了展拓界址的地图，海上把环香港岛周围的岛屿都纳入租借范围，陆地则根据地形从深圳湾到大鹏画一条线，线以南地区全归香港。这张地图，便是《展拓香港界址专条》粘附地图。在此后的若干文件中，又被简称为“《专条》粘附地图”。

根据《展拓香港界址专条》，英国强租了沙头角海至深圳最短距离

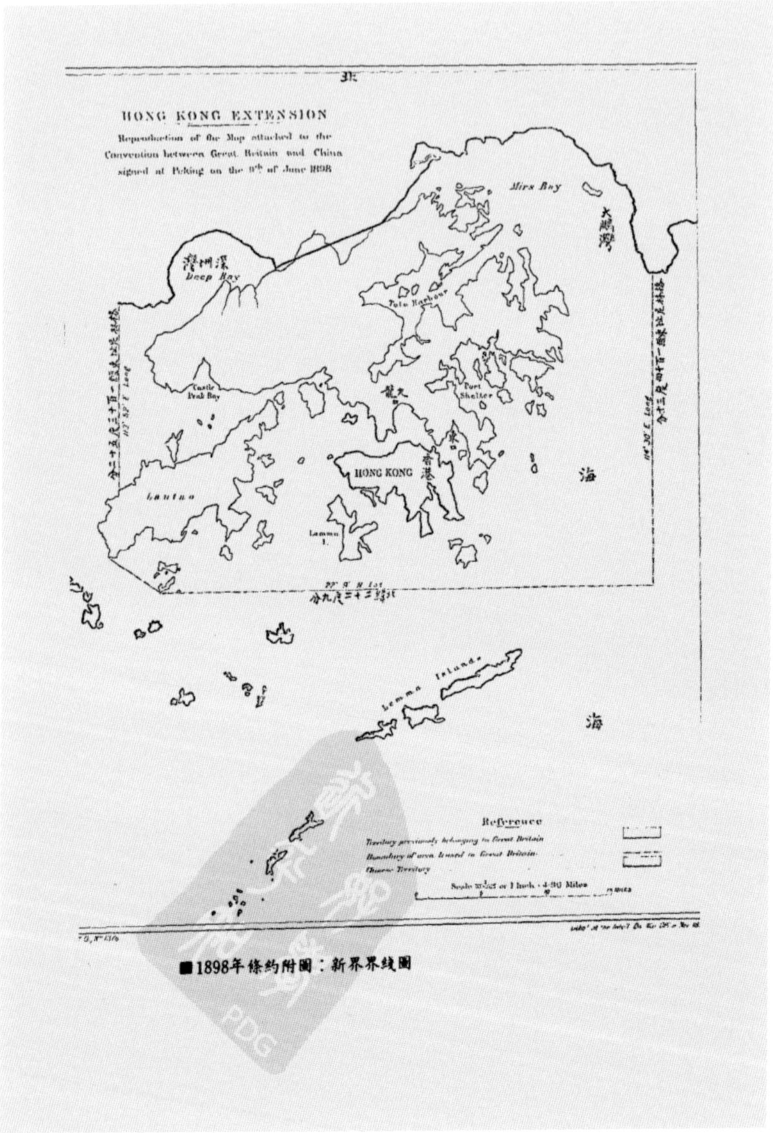


《展拓香港界址专条》粘附地图

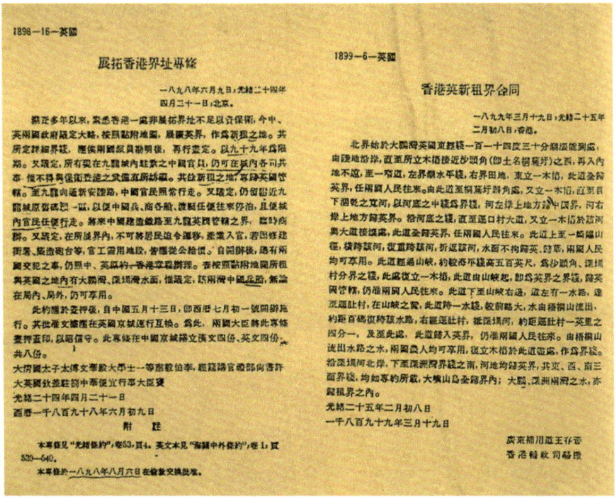

1898—16—英國

展拓香港界址專條

一八九八年六月九日，光緒二十四年四月二十一日，北京。

溯查多年以來，素悉香港一處非展拓界址不足以資保衛，今中、英兩國政府議定大略，按照黏附地圖，展擴英界，作為新租之地。其所定詳細界綫，應俟兩國派員勘明後，再行畫定。以九十九年為限期。又議定，所有現在九龍城內駐紮之中國官員，仍可在城內各司其事，惟不得與保衛香港之武備有所妨礙。其餘新租之地，專歸英國管轄。至九龍向通新安陸路，中國官民照常行走。又議定，仍留附近九龍城原舊碼頭一區，以便中國兵、商各船、渡艇任便往來停泊，且便城內官民任便行走。將來中國建造鐵路至九龍英國管轄之界，臨時商辦。又議定，在所展界內，不可將居民迫令遷移，產業入官，若因修建衙署、築造砲台等，官工需用地段，皆應從公給價。自開辦後，遇有兩國交犯之事，仍照中、英原約、香港章程辦理。查按照黏附地圖所租與英國之地內有大鵬灣、深圳灣水面，惟議定，該兩灣中國兵船，無論在局內、局外，仍可享用。

此約應於畫押後，自中國五月十三日，即西曆七月初一號開辦施行。其批准文據應在英國京城速行互換。為此，兩國大臣將此專條畫押蓋印，以昭信守。此專條在中國京城繕立漢文四份、英文四份，共八份。

大清國太子太傅文華殿大學士一等肅毅伯李，經筵講官禮部尚書許

大英國欽差駐劄中華便宜行事大臣竇

光緒二十四年四月二十一日

西曆一千八百九十八年六月初九日

附註

本專條見"光緒條約"，卷53，頁4。英文本見"海關中外條約"，卷1，頁530—540。

本專條於一八九八年八月六日在倫敦交換批准。

1899—6—英國

香港英新租界合同

一八九九年三月十九日，光緒二十五年二月初八日，香港。

北界始於大鵬灣英國東經綫一百一十四度三十分潮漲能到處，由陸地沿岸，直至所立木樁接近沙頭角（即土名桐蕪圩）之西，再入內地不遠，至一窄道，左界潮水平綫，右界田地，東立一木樁，此道全歸英界，任兩國人民往來。由此道至桐蕪圩斜角處，又立一木樁，直至目下涸乾之寬河，以河底之中綫為界綫，河左岸上地方歸中國界，河右岸上地方歸英界。沿河底之綫，直至逕口村大道，又立一木樁於該河與大道接壤處，此道全歸英界，任兩國人民往來。此道上至一崎嶇山徑，橫跨該河，復重跨該河，折返該河，水面不拘歸英、歸華，兩國人民均可享用。此道經過山峽，約較海平綫高五百英尺，為沙頭角、深圳村分界之綫，此處復立一木樁，此道由山峽起，即為英界之界綫，歸英國管轄，仍准兩國人民往來。此道下至山峽右邊，道左有一水路，達至逕肚村，在山峽之麓，此道跨一水綫，較前略大，水由梧桐山流出，約距百碼復跨該水路，右經逕肚村，抵深圳河，約距逕肚村一英里之四分一，及至此處，此道歸入英界，仍准兩國人民往來。由梧桐山流出水路之水，兩國農人均可享用，復立木樁於此道盡處，作為界綫。沿深圳河北岸，下至深圳灣界綫之南，河地均歸英界，其東、西、南三面界綫，均如專約所載，大嶼山島全歸界內；大鵬、深圳兩灣之水，亦歸租界之內。

光緒二十五年二月初八日

一千八百九十九年三月十九日

廣東補用道王存善

香港輔政司駱檄

《展拓香港界址专条》及《香港英新租借合同》文本

直线以南、九龙半岛界限街以北的大片土地，还包括235个大小岛屿以及大鹏湾、深圳湾水域。此次强租陆地面积约975平方公里，后被称为“新界”，较原香港面积扩大了11倍。

骆克提交的《香港殖民地展拓界址报告书》，便是对“新界”地区的一次摸底调查。文件的第一条便列出了报告书的内容：新界的面积、港口、山脉、流域、水系、灌溉、土壤、产品、水果、植被、耕地、岛屿、人口、村庄、居民、工业、现有道路与桥梁、建议修筑的道路、电线、铁路……可以看出，骆克想得极其全面，建议修筑的那条铁路便是日后的广九铁路。

其中的“水系”部分，第一次出现了“深圳河”的名字。报告称：“水系和山系一样，分为南北两个部分。该地北部的主要河流和该地最

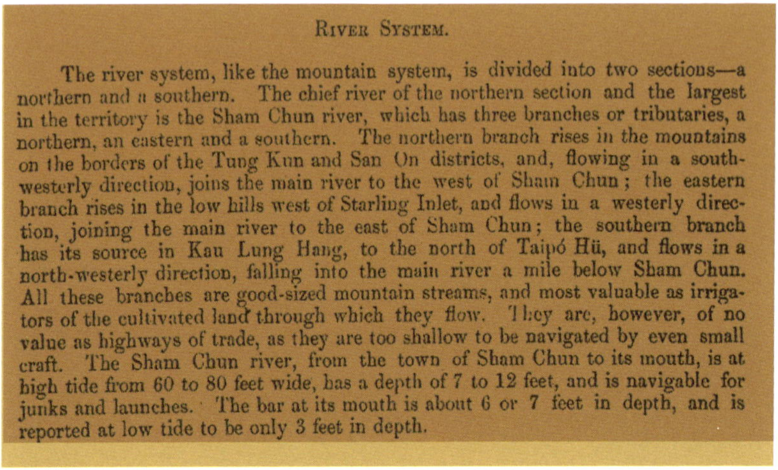

RIVER SYSTEM.

The river system, like the mountain system, is divided into two sections—a northern and a southern. The chief river of the northern section and the largest in the territory is the Sham Chun river, which has three branches or tributaries, a northern, an eastern and a southern. The northern branch rises in the mountains on the borders of the Tung Kun and San On districts, and, flowing in a south-westerly direction, joins the main river to the west of Sham Chun; the eastern branch rises in the low hills west of Starling Inlet, and flows in a westerly direction, joining the main river to the east of Sham Chun; the southern branch has its source in Kau Lung Hang, to the north of Taipó Hü, and flows in a north-westerly direction, falling into the main river a mile below Sham Chun. All these branches are good-sized mountain streams, and most valuable as irrigators of the cultivated land through which they flow. They are, however, of no value as highways of trade, as they are too shallow to be navigated by even small craft. The Sham Chun river, from the town of Sham Chun to its mouth, is at high tide from 60 to 80 feet wide, has a depth of 7 to 12 feet, and is navigable for junks and launches. The bar at its mouth is about 6 or 7 feet in depth, and is reported at low tide to be only 3 feet in depth.

《香港殖民地展拓界址报告书》“水系”部分



大的河流是深圳河。深圳河有北、东、南三条支流：北部支流起源于东莞县和新安县交界的群山，向西南流，在深圳以西汇入主流；东部支流源于沙头角海的丘陵，向西流，在深圳以东汇入主流；南部支流发源于大埔墟以北的九龙坑，向西北流，在深圳下游一英里处汇入主流。所有这些支流都是相当大的山溪，其可贵之处是为流经的耕地提供灌溉的水源，不过，它们没有商道价值，其水太浅，即使小船也不能航行，深圳河自深圳镇到河口一段，潮涨时宽60到80英尺，深7到12英尺，木船、汽艇均可通航。河口的沙洲有6—7英尺厚，据说退潮时只有3英尺厚。”

直接使用“深圳河（Sham Chun River）”的名称，《香港殖民地展拓界址报告书》是最早的文献。这份文件，同时也留下了对当时深圳河的地理、人文、经济特征全面综述的文字记录。

骆克在报告书里提到："《专条》粘附地图标出的边界线是一条从海到海的最短的线，从地图上计算是11英里。从深圳湾沿深圳河至深圳，再从该地沿道路至沙头角海的实际距离大约是13英里。"骆克认为划定这一边界线容易遭到激烈反对，一是将"以深圳为中心的河谷一分为二"，二是村庄之间的用水权之争将会使治理更加困难。为此，骆克在报告书中建议："两个国家之间引起摩擦最少的边界，不是有一条宽深的河流，就是有一个构成不同河谷的分水岭的山脊。新安县内没有一条可构成边界的宽阔河流，但是有可用于此目的的山脊。"

港英政府工务局长奥姆斯比提交的报告也称，反对按照《专条》粘附地图"人为的简单直线"确定北部陆界，而是应该主要按照山脉、河流确定"自然界限"。这个"自然界限"，不是深圳河，而是新安县北部的群山。在现在的深圳地图上，大约就是塘朗山至银湖山至梧桐山一线。按照这个方案，九十多年后成立的深圳经济特区都将属于新界，深圳河不再是一条界河。

## 深圳河是条被强占的界河

"深圳河"成为界河，要从1899年3月11日说起。这一天，中英双方开始展开"新界"北部陆界定界谈判。中方定界委员叫王存善，官衔是广东省补用道。英方定界委员，便是骆克。

梳理相关文献，骆克与王存善的谈判至少经历了三个回合的交锋。

在第一回合中，王存善主张信守《专条》粘附地图的约定，而骆克则抛出了"自然界限说"，提出以山为界。按照这个设想，深圳与沙头角都将划归英方。根据书信记载，骆克和王存善当时一起见了港督卜力，而卜力根据骆克的建议反复向王存善推销"自然界限"。在给英国殖民地部大臣张伯伦的信中，卜力写道："我试图向他说明，深圳和沙

头角划入租界范围内无论对于中国还是这个政府相互都是有好处的。我还向他指出如果是这样，这些地方仍会向中国人做最大限度的开放，就像目前这样。但如果这些地方没有获得转让权的话，租界区里习惯了依靠这些地方（墟市）的中国居民便会与之隔离。”

3月14日，谈判进入第二回合。王存善传达了两广总督谭钟麟的意见：“深圳没有炮台，沙头角是个大墟市”，不能接受英方提出的边界线。王存善的建议是：“以深圳河南边支流为界。”骆克对此的反应，是以威胁拒绝谈判。

在第三回合，王存善提出了妥协方案：“从深圳河河口直到该河

英国及清政府官员在边界竖立标志



河源，再到沙头角，将深圳及沙头角留在中国领土以内。”在王存善表示这是让步“极限”后，骆克表示“应以深圳河北为界”，即将“整条河流划在英方界内”。在骆克提出深圳的归属事宜留待北京讨论后，王存善被迫表示同意。骆克本人事后承认，英国“完全控制了那条在《专条》粘附地图上没有包括在英国租借地内的河流”。这条河流，便是深圳河。

3月16日至18日，王存善、骆克一行沿深圳河河源至沙头角一线进行勘界。3月17日，双方留下了一张合影。在那张照片上，左侧的王存善穿着深色马褂，双臂下垂低着头颅，一旁的骆克穿着深色的西装，右手扶在“大清国新安县界”的木牌上面。照片上出现的人物，还有奥姆斯比以及英方专业测绘人员，华人面孔大多是从当地雇佣的杂役。这个界桩，是新界北部界限的起点，也就是今天所说的“一号界碑”。在双方两天后签订的文件里，地点就是“大鹏湾英国东经线一百一十四度三十分潮涨能到处，由陆地沿岸直至所立木桩，接近沙头角，即土名桐芜墟之西”。

这一天，骆克还给卜力写了一封信，信中不无得意地写道：“我很高兴地告知您，在经过许多困难后，我已经说服中国定界代表同意将深圳河北岸至源头作为英国和中国两国领土间的边界。在新的拓展中能够取得对那条河的完全掌控，对于我来说是很满意的……如果没有对那条河的完全掌控，租界的发展将会面临很大的困难。”

1899年3月19日，王存善和骆克在香港签订了《香港英新租界合同》，“深圳河”以界河地位出现于官方文献。从此，深圳河因其特殊历史原因及地理位置，逐渐为世人熟知。



## 两个签约人都是文化名人

签署《香港英新租界合同》时，骆克41岁，王存善50岁。

讲述《展拓香港界址专条》签订时期的香港历史，弗兰克·韦尔什在所著的《香港史》称：“骆克是个能干的苏格兰人，身材矮小，咄咄逼人，很少能够容忍笨人。他以官学生身份前来香港，已经在这个殖民地工作了18年。”

骆克是有名的“中国通”，他给自己起的中国名字是“骆仁廷”，还有其他的名称叫“骆壁”“骆檄”“骆任廷”。从职业履历来看，骆克有着远比一般殖民地官员光鲜的背景。骆克1858年生于苏格兰的阿及尔郡，自幼就读于爱丁堡的沃森学校，1875年入学爱丁堡

1899年3月，签署《香港英新租界合同》的中英双方代表，中方为广东补用道王存善（前排右一），英方代表为香港辅政司骆克（前排右二）



大学，1878年因成绩优秀被指定为港英政府内部见习生。1879年年底到达香港，1883年任港英政府税收督办，并在1895年升任为地位仅次于香港总督的辅政司。

不过，骆克并没有选择留在香港。由于性情倔强，骆克与时任港督的卜力在工作上产生矛盾，于是放弃升任总督的机会，主动要求前往威海卫。1902年，骆克被派往威海卫任行政长官。在《香港殖民地展拓界址报告书》中，骆克提出了几条原则，即“尽可能地利用现存机构”“尽可能地保持中国人的生活方式”“在英国的统治下尽量维持中

香港辅政司骆克

国的现状”。在威海卫的19年间，骆克以此作为管理威海卫的基本准则。1921年，骆克退休回到伦敦，潜心于中国文学研究。同年，港英政府在铜锣湾一带填海。为表彰骆克，填海区域中的一条滨海道路被命名为骆克道。

骆克于1937年去世，时年79岁。在骆克留下的读书笔记中，可以看出他读过《论语》《易经》《大学》《中庸》《左传》《资治通鉴》等汉语经典论著，尤其值得一提的是，骆克可以用英语同“中国怪才”辜鸿铭探讨哲学和文学，档案里留下了厚厚一摞与辜鸿铭的来往信件。在母校沃森学校，他捐赠了满满一屋的收藏文物，藏品中有春秋时期的铜鼓、宋代的釉盘，等等。此外，他非常崇拜孔子，1903年访问过曲阜孔府，成为孔府接待的第一位西方人。

让深圳河成为界河的那一年，王存善恰好50岁。在近代史上，王存善以藏书丰富著称。王存善祖父王兆杏曾任浙江德清教谕，建有藏书楼“知悔斋”，并编有《知悔斋总目》，编纂有《昌化县志》20卷。王存善早年随父至广东，光绪年间曾署知南海，官任虎门同知，并管理广州税局。1900年，王存善迁居上海。辛亥革命后，王存善出巨资购得众多流散的图书，“知悔斋”藏书共达20余万卷。

1916年，王存善去世。令人惋惜的是，王存善日后被提及最多的身份是“大汉奸王克敏之父”。王克敏是晚清举人，曾任北洋政府财政总长，一直是对日妥协派。1937年抗日战争全面爆发后，王克敏出任日军扶植的傀儡政权伪中华民国临时政府行政委员会委员长，成为与汪精卫齐名的投降派。抗战胜利后，被定性为汉奸的王克敏于狱中自杀。

# 深圳河的源头在哪里

“深圳河发源于近伯公坳的莲麻坑东面，沿港深边境向西南流入后海湾，全长约27.5公里。”这段文字出自香港渠务署的《治理深圳河计划》，落款时间为1997年5月。

深圳河发源于梧桐山牛尾岭，由东北向西南流入深圳湾，全长约37公里。这是深圳河目前的正式表述。

两个版本的地理表述差异明显，根源在于源头不同。深圳河的干流并无争议，起点就是沙湾河和莲塘河交汇的三岔河口。争议在于上游：在香港方面的表述里，深圳河上游为莲塘河，源头位于梧桐山；而在深圳方面的表述里，深圳河上游为沙湾河，源头位于牛尾岭。



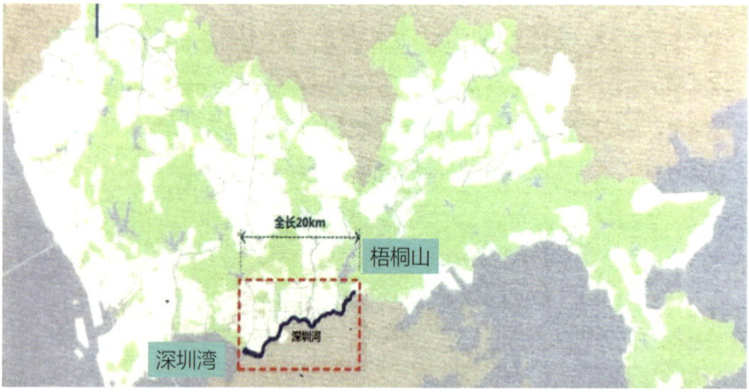


深圳河区位图

## “惟长为源”确定牛尾岭

无论是康熙本还是嘉庆本的《新安县志》，深圳河的源头都指向了梧桐山。在两个版本的《新安县志》里，都留下了梧桐山和“梧岭天池”的记载，而且将“梧岭天池”列为“新安八景”之一。一个名叫李可成的清朝诗人，更为“新安八景”一一留下了七言律诗。

康熙本《新安县志》称：“梧桐山在县东六十里，三峰秀拔，周匝数十里。山阴垂距东洋，山阳延袤境内。顶有天池，深不可测。多梧桐异草，山下有赤水洞。”现在的梧桐山风景区有天池，但离“深不可测”相去甚远。

嘉庆本的《新安县志》重复了康熙本的文字，只增加了一句话：“邑之祖龙也。”或许是“祖龙”之说，深圳河的源头一直和梧桐山相关联，还隐约与天池挂钩。

在香港方面的表述里，深圳河源头的认定和界河直接相关。在地图上，深圳河是指三岔河以下河段。三岔河的起点位置，便是深圳河两大支流沙湾河和莲塘河的汇合处。作为界河的深圳河，包括了深圳河以及支流莲塘河。正是这个原因，香港方面一直认为莲塘河是深圳河的干流，从而将莲塘河的发源地梧桐山定为深圳河的源头。

确定河流源头有一个原则，叫“惟长为源”，简单来说就是比长度，最长的支流便是源头。以长度来度量深圳河的支流，作为界河一部分的莲塘河长度只有12公里，和布吉河、沙湾河的长度差距明显。当中最长的沙湾河，则是20.9公里。

沙湾河是深圳河的干流，但深圳河的源头究竟在哪里？答案直到2003年才正式揭晓。根据深圳水务专家王若兵的说法，当年深圳进行了一次考察，以“惟长为源”为准，确定深圳河发源于梧桐山牛尾岭南坡。牛尾岭是一座海拔214米的山岭，位于龙岗区平湖和布吉交界，大体

深圳河朝霞（张嘉恺 摄）

为东西走向，其东侧是平湖的上木古，西侧是布吉的甘坑，机荷高速公路从其南面经过。在媒体公开报道中，王若兵绘制了一份草图，发源于牛尾岭的小溪流，东坡的汇入东江水系，西坡的汇入深圳河的支流布吉河，西南坡的汇入深圳河的上游沙湾河。

这个“惟长为源”的地理发现，改变了很多“老深圳”的原有观念。一个重要的原因是，1959年在沙湾河上修建深圳水库，此后又有东深引水工程。沙湾河的概念已经被深圳水库所取代。现在的地图上，深圳水库到深圳河的沙湾河河段，标注是“深圳水库排洪河”。

2016年12月，《深圳晚报》和相关部门曾组织市民探寻深圳河源头。在报道中，上木古社区的老村民蔡炳仁老人回忆称，小时候常常跑到牛尾岭放牛，那时山上多有清泉冒出，渴的时候随手一掬就有水喝了。老人说：“那是一条沙河，从山上流下来，水非常的清澈甘洌，我当时并不知道这是深圳河的源头。”至于牛尾岭是深圳河发源地的说法，在报道中出现的上木古社区党委副书记蔡国欢表示，也是后来听人讲起才知道，因为当时传说深圳河的发源地有两个，“一个在深圳，一个在香港，后来有考察团证实牛尾岭才是深圳河真正的发源地”。



## 最远的水是牛尾岭的雨滴

在《深圳晚报》的活动之前，深圳《晶报》在2013年8月便已探访深圳河的源头。相关报道写道：原本以为可以看到溪流，却不想源头已经成为暗河。落在牛尾岭的雨滴便是深圳河的第一滴水，雨水往南流入黄牛湖水库，再流入沙湾河河道，沙湾河流经丹竹头后便汇入深圳河干流。

在上李朗生活了40年的凌育开是黄牛湖水库的管理员。他表示，原来水库所在地是一片田地，有一条从水库北边牛尾岭顺流而下的小溪流。“小时候我们还可以‘探访深圳河源头’呢！”凌育开说，他小时候就曾跟着小伙伴们一起沿着北边的山坡溯溪流而上，“哗哗”的水流从山体涌出，发现这个“不为人知的秘密”让大家都兴奋了好久，“不过，1992年水库建起后，我们就再不能寻访源头了”。

3年后的再度寻访，同样没有找到河流的痕迹。《深圳晚报》引用深圳市水务局专业人士的话称：“深圳河源头的牛尾岭，不像长江、黄河的源头，由雪山冰川的融水汇聚而成，而是由雨水、夜间露水、湿气凝聚而成，源源不断流入深圳河。深圳河流淌的第一滴水就是来自这里的一滴滴雨露，之后牛尾岭的降雨顺着山坡汇聚到黄牛湖水库，再从水库的排洪口进入沙湾河河道，这就是所能找到的最上游的沙湾水。”

参加《深圳晚报》活动的市民中，有一位名叫马继远的公务员。在《深圳特区报》的副刊版，马继远发表了《走近深圳河》一文，详细记载了这一次的寻源之旅：在梧桐山牛尾岭南坡，找到两个小而浅的石坑，形如葫芦瓢，上侧坑内是几块垒起的山石，都不大，生着些湿苔，石隙间有水渗出。石头的罅隙间，扎着一小段竹片，水流沿着竹槽，凝成一脉细流，轻声跌入下面的石坑，聚成一小潭水，约两个面盆大小，一指深浅。同去的平湖街道上木古社区蔡炳仁老人讲，我们今天运气好，源头主要是靠雨水，平时在枯水期，潭水早干涸了。那线泉，那潭水，倒也清澈，大家纷纷接水、掬水而饮，品味深圳河源头水的甘洌。



## 人大代表提议竖立“源头碑”

马继远的文章以此结尾：“我查看手机地图，在这源头附近，找不到河道的影子，大约因为城市建设，河道被遮盖或填埋了。无论如何，在牛尾岭，能找到这一潭水，都值得庆幸。我也便相信，这里是深圳河的源头，是深圳河的初心所在。”

历史上的深圳河，有过许多名字，现在经常被提起的两个名字，一个叫明溪，另一个叫清河，在清代两部《新安县志》中都不曾被记录。寻找深圳河的源头，初衷都是唤起那份清流的记忆。

从牛尾岭暗河流出后，能见到明河的地方是丹竹头社区河段。2013年，《晶报》记者采访到时年74岁的丹竹头社区退休干部凌辉明。18岁时，凌辉明离开河边的家参与深圳水库建设，完工时带了不少鱼钩、鱼叉和渔网回家，而且“那时鱼特别多，每次钓鱼我都能收获一箩筐，那鲜美的鱼肉还一直让我魂牵梦萦”。如今看着眼前泛黄的河水，他皱起眉说：“20世纪80年代后期，周边工厂拔地而起，污水直接排放到河中，河水变得浑浊，常常漂着一层油污。”他还说，别说下河戏水，就连鱼儿，有的也被毒死，没毒死的鱼，鱼肉也是臭的。

2016年年底的报道，蔡炳仁老人有着同样的感慨。他说，小时候河沟里的水可以直接喝，很甜。河水很清澈，可以看到乌龟、小鱼、小虾游来游去。那时候，人们经常在河边洗菜、洗衣服。改革开放后，上木古村建了很多牛皮厂，宰牛后产生的血水、废水都直接排到河里，河水慢慢地发臭变黑了，连鱼儿都没法生存，深圳河曾经成为“深圳之痛”。



2017年1月的深圳“两会”，市人大代表吴滨建议将深圳河定位为深圳的“母亲河”，并在其源头竖立“源头碑”。吴滨表示：“环境变好，这就是我们共同的家园，实现人与自然和谐相处的目标，大家就会更爱这个城市。”

市人大代表赵广群表示，很多深圳人对于深圳河都充满感情，将其地位提升为“母亲河”，能提高其社会认知度和影响力。对于深圳这个移民城市，用一条母亲河去凝聚大家的家园意识，可以让大家更爱这座城。参加过深圳河探源活动的市民陆垚臻则称：最直观的感受是原来源头水是可以直接喝的，通过命名能对市民以及来深游客产生潜移默化的影响，提高人们对生态环境保护的意识。一位名叫张国源的深圳教师说：很多人童年里都有一个关于家乡池塘、河流等的记忆，成年后也会关注身边的河流，对于深圳这些新生代的小朋友们来说，如果想留给他们一个关于“水”的美好记忆，将深圳河定位为“母亲河”或许是个不错的选择，深圳不仅要有高楼大厦，更要有青山绿水。

2015年后，深圳全面启动治水，提出“一年初见成效，三年消除黑涝，五年基本达标，八年让碧水和蓝天共同成为深圳亮丽的城市名片”。深圳河的水质此后提升明显，然而遗憾的是，源头碑至今仍是一纸建议。

**烽火：**古代边防军事通信的重要手段，**烽火的燃起**表示**战事的出现。**

# 二

# 烽火

1688年编撰的康熙本《新安县志》中，“深圳”是一个烽火台的名字，叫“深圳墩台”。那个时候的烽火，防范的是海盗；150年后，沿岸的墩台面对的，是从欧洲开来的坚船利炮。

深港地区最大的变局，由此开始。

深圳湾区域，自古便是海防重地。这里曾经是剿匪重镇，也是国战之地。伴随着大航海时代的到来，葡萄牙的冒险家、大英帝国的远征军相继闯入。进入20世纪，曾经的倭寇再度袭来，日本侵华不仅占据了深圳，也攻陷了香港。

深圳点起的烽火，记录着抗争史，也记录着外交史。

# 差一点，香港、澳门换了角

南头古城有“汪刘二公祠”。刘公是指明代隆庆年间的广东参政、巡海道副使刘稳。正是由于他的上奏，新安县在万历元年（1573年）从东莞县划分出来单独成县。汪公名叫汪鋐，也是一位广东巡海道副使，任职时间要早于刘稳50多年。

汪鋐建祠，源于“屯门海战”。这是被称为“佛郎机人”的葡萄牙人，和大明王朝产生第一次海上直接冲突。在后世的评价中，“屯门海战”被称为海上抗夷第一战，是中国第一次抗击西方殖民主义者的战役。有评论认为，“屯门海战”的走向，决定了中欧近代史上第一次直接交往的结局。

历史不容假设，但是香港和澳门，差一点就在“屯门海战”中换了角。



## “屯门海战”是如何打赢的

万历年间，新安县的文人陈文辅写下了《都宪汪公遗爱祠记》。因被收录在《新安县志》中，陈文辅的文章得以广泛流传。

《都宪汪公遗爱祠记》记录了“屯门海战”的全过程：“近于正德改元，忽有不隶贡数号为佛郎机者，与诸狡猾凑杂屯门、葵涌等处海澳，设立营寨，大造火铳，为攻战具，占据海岛，杀人抢船，势甚猖獗，虎视海隅，志在吞并，图形立石，管辖诸番，脍炙生人以充常食，民甚苦之，众口嗷嗷，俱欲避地以图存活，弃其坟墓室庐又极凄婉。事闻于公，赫然震怒，命将出师，亲临敌所，冒犯矢石，劬劳万状。至于运筹帷幄，决胜千里，招募海舟，指授方略，皆有成算。诸番舶大而难动，欲举必赖风帆，时南风急甚，公命刷贼敝舟多载枯柴燥荻，灌以脂膏，因风纵火，舶及火舟，通被焚溺，命众鼓噪而登，遂大胜之，无孑遗。”

文章还特别注明了时间：“是役也，于正德辛巳出师，至嘉靖壬午凯还。”

“屯门海战”，事实上并非如此顺利。汪公1521年的“正德辛巳出师”，最初的交手是以败战收尾。明代文献中的记载是：“海道汪鋐以兵逐之，不肯去，反用铳击败我军，由是人望而畏之，不敢近。”

汪鋐在《奏陈愚见以弭边患事》中，讲述了“强番佛郎机”的船与炮：其船用夹板，长十丈，阔三丈，两旁驾橹四十余支，周围置铳三十余管，船底尖而面平，不畏风浪，人立之处用板捍蔽，不畏矢石。每船二百人撑驾，橹多而人众，虽无风可以疾走，各铳举发，弹落如雨，所向无敌，号曰“蜈蚣船”。其铳管用铜铸造，大者一千余斤，中者五百斤，小者一百五十斤，每铳一管，用提铳四把，大小量铳管以铁为之。铳弹内用铁，外用铅，大者八斤，其火药制法与中国异，其铳举放远可去百余丈，木石犯之皆碎。

同年的“嘉靖壬午凯还”，得益于“师夷长技以治夷”，精彩程度宛如电影大片。汪鋐的表述如下：“正德十六年正月内，臣访据东莞县白沙巡检司巡检何儒，称其上年因委抽分，曾到佛郎机船，见有中国人杨三、戴明审，知伊等年久投在佛郎机国，备知造船铸铳及置火药之法。臣即令何儒密遣人到彼，以卖酒米为由，潜与杨三等通话，谕令向化，重加赏赉，彼遂乐从，约定期夜，何儒密驾小船接引到岸。臣研审是实，遂令如式制造，试验，果效。后臣举兵驱逐佛郎机，赖用此铳取捷，杀灭无遗，夺获伊铳大小二十余管，比与杨三等所造，体制皆同。”

从过程来看，明军的第一次出击以失利告终，原因在于船与炮的差距。汪鋐所说的“蜈蚣船”，无风也可疾走，远非明军战舰能够追赶。事实上，明军交手的战舰，还不是葡萄牙的正规军，而是“强番”在满刺加（马六甲）征用的海上货船，因此才有了陈文辅文中所称的“大而难动，欲举必赖风帆”。至于葡萄牙人所用的小炮，不仅射程可达百余丈，而且强度远胜明军，做到了“木石犯之皆碎”。

第二次出击，汪鋐做足了准备工作，当中重要的一环，就是“向化”了在佛郎机船上的南洋汉人，晓之以理之余也不免用了利诱。这些熟悉“造船铸铳及置火药之法”的南洋汉人，拉平了双方的武器差距，再加上明军采用火攻，最终明军取胜。根据史料记载，大明参战兵力大约是4000人，动用船只50余艘，而葡萄牙人最终有3艘船只逃出重围，返回满刺加。



## 背景板是葡萄牙首次遣使中国

《都宪汪公遗爱祠记》有溢美夸大之词，讲述的故事并非只是一场军事对决。

文中提到：“近于正德改元，忽有不隶贡数号为佛郎机者，与诸狡猾凑杂屯门、葵涌等处海澳。”乍一看，“番夷”的骚扰时间点“近于正德改元”，也就是正德皇帝去世的1521年。其实，《新安县志》里的记录写得很清楚：“明正德十一年（1516年），番彝佛郎机入寇，占据屯门海澳，海道汪鋐讨之。”正德十一年，是公元1516年，汪鋐此时已经和“番夷”开始打交道。根据现在资料推断，佛郎机人曾在南头一带登陆，却被明军击退，随后占据了“屯门海澳”。“海澳”意为海湾，“屯门海澳”应指深圳后海湾、内伶仃岛及香港青山一带海域。

在明朝早期的表述里，来自日本的海盗叫作“东夷”，而“番夷”指向面相迥异的欧洲人。《新安县志》有这样的记录：“明弘治六年（1493年），番夷入寇东莞所，千户袁光捕剿于岑子澳，死之。”弘治六年即公元1493年，而“岑子澳”也是《新安县志》记录中的一个海湾。这是一场损失惨重的遭遇战，就连千户袁光也在战斗中中弹身亡。至于没有写清楚来历的“番夷”，极有可能就是葡萄牙海盗。

那个时代，是葡萄牙人和西班牙人开启的“大航海时代”。达·伽玛在1498年到达印度，也开始了向东方世界的进军。这个过程中，既有官方背景的通商请求，更多的则是冒险家的个人行为，而这种个人行为往往是海盗式的掠夺。永乐年间的郑和下西洋，已成旧事，大明和西洋诸国的联系，便是“朝贡”，这其实是一种变相的贸易往来：西洋诸国献上特产，换来皇帝的赏赐，那往往是朝贡特品价值数倍或者数十倍的丝绸、瓷器。突然出现的佛郎机，则是“不隶贡数”，也就是说不在可以交易的“白名单”上。



葡萄牙人初来中国的时间，现在较为统一的说法是早于正德十二年（1517年）。除了《新安县志》的说法，还有葡萄牙人自己的记载。1509年，葡萄牙人塞克拉远征满刺加王国未果。两年后，葡萄牙人卷土重来，率领18艘战舰血洗马六甲，完全控制了这个要害之地。满刺加国王曾向明廷求援，并未得到理会。

控制了马六甲，下一个目标便是“黄金之国”。澳门立有一座拓荒者石像，叫“欧维士石像”，纪念的是冒险家若热·阿尔瓦雷斯。中葡通商史的研究者认为，马六甲总督在1514年（正德九年）派舰队东来，首领便是阿尔瓦雷斯。阿尔瓦雷斯登上“屯门岛”，竖起一根刻有葡萄牙国徽的大石柱，以示此地属于葡萄牙国王，并将此作为葡

位于澳门南湾欧华利前地的欧维士石像



萄牙商人的落脚点。陈文辅讲述的“图形立石”，描述的便是这一场景。在葡萄牙人的记录中，这个“屯门岛”叫贸易岛或者商业岛，而且成为葡萄牙商船进入广州前停泊的“中国港口”。在中国典籍中，并无“屯门岛”的记录。

阿尔瓦雷斯并未完成和大明建立正式贸易关系的任务，后继者佩雷斯特罗也没有达到这一目的，得到的结果是正德十一年（1516年）的“海道汪鋐讨之”。研究者认为，葡萄牙文献中记载的“屯门岛”，可能是香港的大屿山，也有可能是内伶仃岛或大铲岛。内伶仃岛距南头约9

公里，大铲岛距赤湾8公里，“屯门岛”更大的可能是香港大屿山，因为葡萄牙人曾于该岛的大澳建立据点。葡萄牙人罗德里格斯1512年所绘的地图上，“屯门”被标注在现在的大屿山附近。

佛郎机人进行了第三次尝试，而且又一次登陆“屯门岛”。《广东通志》外夷条记载：“佛郎机国，前此朝贡莫之与。正德十二年，自西海突入东莞县界，守臣通其朝贡。”时任广东佥事、署海道事的顾应祥曾描述：“其人皆高鼻深目，以白布缠头，如回回打扮。查《大明会典》，无此国入贡。”为了与大明建立正式贸易关系，葡萄牙人用尽心机：冒充满剌加的贡使，而且把自己装扮成了伊斯兰教徒。

船队的领头人，名为安特拉特。根据葡方资料，1517年6月27日，安特拉特率领一支8艘船的船队，从马六甲前来中国，同行的还有葡萄牙国王派出的驻华大使托梅·佩雷斯。佩雷斯写过一本《东方简志》，当中有对屯门的描述：“靠近南头陆地处，有些为各国规定的澳口，如屯门岛等……”要说明的是，佩雷斯此前并未到过中国，《东方简志》一书是他在马六甲期间搜集整理而成。

8月15日，安特拉特的船队抵达“屯门岛”，随后强行进入珠江内河，到达广州怀远驿，要求朝贡。两广总督陈金安排他们到光孝寺学习中国礼仪，同时将此事上奏朝廷。明正德十三年（1518年）正月，朝廷开口了，答复把佛郎机人带来的特产按市价折成银两，允许使节进京洽谈，同时要求其余船只、人等立即返回。安特拉特的船队退出广州，退至“屯门岛”安营扎寨，大部队随即返回马六甲。

“屯门海战”的背景板，其实是中葡之间的第一次官方外交活动。

## 皇帝、使节与谜一般的翻译

从1518年重回“屯门岛”，到1521年被汪鋐击退，佛郎机人的占岛时间长达3年。局面的打破，缘于正德皇帝的去世。

佩雷斯用了3年时间，终于在正德十五年（1520年）等到了皇帝的召见。《正德实录》记载称："海外佛郎机，前来通中国，近岁吞并满剌加，逐其国王，遣史进贡，请封；诏许来京。"在这段时间里，葡萄牙人的船队露出海盗本色，不仅掠劫来往船只，而且还捕捉儿童为奴。陈文辅所说的"杀人抢船"不假，但"脍炙生人以充常食"显然是夸大之词。

与此同时，葡萄牙人终于见到了大明皇帝。按照葡萄牙人的记载，佩雷斯在1520年1月从广州起程前往南京，而且和皇帝见了面，并应正德皇帝的要求在1521年1月抵达北京。在明史中，这一时间段是宁王叛乱的尾声，亲征的皇帝在1519年12月来到了南京。佩雷斯得以进京，是用金钱开道，搭上了"镇守中贵"的路子，也就是贿赂了广东的宦官。《明史·佛郎机传》称："时有火者亚三者，系中国人，而善佛郎机语，为比莱斯通议，比莱斯之得以滞留广东，未被广东守臣见逐者，殆为火者亚三夤缘权贵之所致。"这里的比莱斯，就是佩雷斯，在其他的表述里还叫皮列士。

在佩雷斯的使团中，能够直接与皇帝沟通的人叫火者亚三。在明史研究中，火者亚三是一个谜一般的存在。火者亚三是使团的"舌人"，也就是翻译。关于他的来历，有人说是满剌加的汉族富商，也有人说是下南洋的粤闽商人，还有人说是经商失败后流落南洋的湖南人，但在佛郎机使团中，配备的翻译多达5个，唯独只有火者亚三能够接近正德皇帝，地位甚至比正牌大使还高。究其原因，有研究者认为火者亚三可能是个阉人，因为有文献记载称，闽粤之地的富商会买来幼童阉割充当"火者"。

火者亚三创造了一个历史：他是中国皇帝的第一位葡萄牙语老师，而朱厚照也成为中国学习葡萄牙语的"大师兄"。"另类皇帝"朱厚照对于外来事物有足够的好奇心，熟悉南洋风情的火者亚三得以常伴左右，成为正德皇帝了解世界的百科全书。此外，火者亚三与权臣江彬建立了非同一般的私交。有一个细节是：主管外国进贡等事宜的四夷馆主客主事梁焯，曾以不按规矩行礼为由对火者亚三施以杖刑。江彬得知后不仅破口大骂，还告了回御状。

对于佩雷斯的使团来说，这是短暂的蜜月期。正德皇帝和葡萄牙语老师打得火热，却没有接见使团。一个重要原因是，被血洗的满剌加王国此时也派来了使团。更为重要的原因是，佛郎机人冒充满剌加人的行径，被大明官员认为不可纵容。

1521年1月21日，朱厚照回到北京，4月20日猝死。皇太后当天就根据群臣意见杀了江彬，然后又以冒充使者的罪名将火者亚三处死。出人意料的是，根据正德的遗诏，佛郎机使团却被要求返回广州。这年7月，广东官员向继位的嘉靖皇帝上报，称一批葡人到广州要求进行贸易，礼部认为佛郎机人假借使者之名挟货通市，兵部也认为葡人在广东沿海屯驻过久有所窥伺，向新皇帝建议拒绝他们的要求并加以驱逐。嘉靖皇帝于是下令尽快驱逐佛郎机人，并且再不许入境。8月底，时年56岁的汪鋐奉命出击，虽然首战失利，但还是在9月7日的第二回合交锋中，顺利收回“屯门岛”和“屯门海澳”“葵涌海澳”。于是在陈文辅的《都宪汪公遗爱祠记》中，“屯门海战”的时间跨越了两个年号，“于正德辛巳出师，至嘉靖壬午凯还”。

屯门海战后，大明王朝对佛郎机人展示了强硬姿态，要求水军见到悬挂葡萄牙旗帜的船只就将其击毁。嘉靖二年（1523年），一支由5艘桨帆船和1艘中国式帆船组成的葡萄牙船队再度来访，询问使团的下落，有意重新交涉。在《明史》记载中，这是新会西草湾之战的开始，但也有研究者认为，应是大屿山茜草湾之战。

96艘明军战舰进行了夜袭，葡军主将末儿丁等42人被杀或被俘。据

《明史》载："佛郎机国人别都卢寇广东，守臣擒之。初，备倭指挥柯荣、百户王应思率师船截海御之。转战至稍州，向化人潘丁苟先登，众人齐进，生擒别都卢、疏世利等四十二人，斩首三十五级，俘被掠男妇十人，获其二舟。余贼米儿丁甫思多减儿等复率三舟接战。火焚先所获舟，百户王应思死亡，余贼亦遁。巡抚都御史张嵿、巡抚御史史涂敬以闻，都察院覆奏，上命就彼诛戮枭示。"此役，明军缴获2艘葡萄牙舰船以及20门佛郎机火炮。舰船的仿制不久后便宣告终止，但火炮的仿制直接催生了日后的"红衣大炮"。

佩雷斯的命运如何？著名的《广州葡囚书简》给出了答案。书简的作者叫克里斯多弗·维埃拉，是佩雷斯使团中的一员，写作时间据考证为1524年。书简的残卷藏于里斯本国家档案馆，是葡萄牙首次遣使中国的重要资料。据葡方文献记载，佩雷斯使团共计24人，成员还包括6名葡萄牙人、12名仆役以及所雇佣的5名"舌人"。根据书简所言，回到广州之后，佩雷斯的使团立即全体下狱，并被戴上刑具，有人不堪重枷铁镣而死，也有人被狱卒鞭打而死。在维埃拉写信之际，不仅使团成员所剩无几，还有大批的葡萄牙海员被斩首示众。这些海员，都是被明朝水师击毁商船的成员。至于佩雷斯，并不在维埃拉出具的幸存者名单上，因此被认为1524年死于广州狱中。

至此，葡萄牙的首次对华遣使画上了句号。在明朝文献中，直至明嘉靖二十年（1541年），再没有佛郎机侵扰广东沿海的记录，葡萄牙人改为窜扰福建及浙江沿海。明嘉靖三十二年（1553年），葡萄牙人用贿赂的方式，终于获得了澳门的居住权。直到1841年英国占据香港，澳门一直都是中国联通世界的窗口和渠道。

# 抢占香港，英国人等了超过200年

在《新安县志》里，佛郎机人来犯之后，有着“红毛夷”的记载。这个“红毛夷”，便是有着“海上马车夫”之称的荷兰人。在和荷兰人的争夺中，葡萄牙人一直坚守着澳门。在珠江口受阻之后，荷兰人转而北上，占据澎湖以及基隆，也为郑成功收复台湾埋下伏笔。

新兴的英国，也对东方充满想象。早在1589年，伦敦商人就向伊丽莎白一世请求组织商船前往东方，此后的多次努力均半途而废。直到1635年，英国东印度公司和果阿的葡萄牙总督达成对华自由贸易协议，英国商人这才获准自由出入澳门。



## 第一次接触就亮出牙齿

在这段时间，占据巴巴多斯的科提恩爵士成立了科提恩协会，邀请英国国王查理一世成为会员。科提恩爵士成功说服查理一世，开始推行一项对华贸易计划，最终派出了一支由约翰·威德尔上校率领的远征队。这也是第一支到访中国的英国船队。

在英国研究者的表述里，这是一次“不幸而奢华的航程”。1637年6月，威德尔的远征队到达了澳门。葡萄牙人款待有加，也有着自己的盘算：他们确信广州的明朝官员会让英国人吃闭门羹。在等待了一个多月后，没有拿到广州通行证的威德尔鲁莽地直接闯关。远征队升起了英军

英国东印度公司的鸦片运输船



军旗，攻击虎门的亚娘鞋炮台，搬走了35门火炮。威德尔此后写了一封信递交给广州，要求建立“友谊”和自由通商。

出面进行调解的葡萄牙人，并没有完整传递明朝官员强硬的态度。9月，威德尔在虎门再次开火，击毁了3艘中国商船，焚毁了一个集镇，甚至还抢了30头猪。他在交战中，击退了有16艘船的中国水师，再度攻占亚娘鞋炮台后更是将其炸毁。澳门的葡萄牙人再度扮演中间人，在向大明赔偿2800两白银并写下保证书后，威德尔的船队获准完成交易。返航时，船队载着600吨货物，主要是“闻起来味道像玫瑰”的上等糖，还有一些丁香、生姜、黄金和瓷器。

通往东方的航道开始变得畅通，英国的东印度公司也开始在印度站稳脚跟。1640年，英国东印度公司在印度建立了第一个居留地圣乔治堡

（马德拉斯）。在此后的几十年间，尽管记载中有零星的英国商船到达澳门，但正值明清王朝更替，广州的对外贸易陷入停顿。1670年，东印度公司找到了大清的对头，与郑成功之子郑经达成协议，获准在厦门和台湾通商。这种关系，一直持续到1683年康熙收复台湾。

香港，此时已经进入英国人的视线。有记载称，东印度公司一艘名为“卡露琳娜”的商船，1683年停泊在大屿山，对周边海域进行了长达两个月的测绘。

## 占岛是英国人的不变诉求

大英帝国的崛起与大清王朝的衰落，发生在同一时间段。

1684年，康熙诏开海禁，广州重新接纳外国商人。1689年，英国东印度公司商船“海防号”驶入广州。1711年，东印度公司获准在广州建立商馆，从此不再受制于葡萄牙人。而且，渐渐失势的葡萄牙人不得不开始寻求英国人的保护。



和270多年前的佩雷斯相比，英国使者马戛尔尼更为世人所知。1793年，马戛尔尼率领的第一个英国使团抵达北京，考虑周密的英国人不仅带来了众多幕僚，还乘坐了一艘配备64门大炮的军舰“狮子号”。英国人请求放松贸易管制，大清看重的是礼仪，而且异常反感英国人的占地请求：“舟山附近一座不设防小岛，供英国商人居住、存放货物、供应船只。”离开北京之前，马戛尔尼给乾隆的宠臣和坤写了一封信，重提“占岛”事宜，并且多了 “广州附近一岛”的选择。

1794年1月，无功而返的马戛尔尼和船队停留在澳门。据文献记载，船队中的“豺狼号”开始勘查澳门和香港间的岛屿，负责此事的巴瑞托上尉认为伶仃岛和香港岛最适合展开殖民。马戛尔尼此时在日记中留下了一段评述：“中华帝国如同一艘年代久远、摇晃不定的一流军舰，侥幸出现的一批干练而警觉的官员，已经设法使之漂浮了150余年，并以其庞大的躯体和外观慑服了四邻。然而，一旦某个无能之辈碰巧控制了甲板，这艘战舰的纪律和安全也就不复存在。它或许不会立即沉没，其残骸也许会随波逐流，结果被撞成碎片冲到岸上，但好再也无法恢复旧观了。”在他的建议里，英国用半打舷炮就能摧毁虎门炮台，从而控制珠江口，建立居留地。

和马戛尔尼冲突味十足的访华相比，22年后访华的阿美士德使团与大清的交锋则更为激烈。1816年8月，阿美士德到达北京，就礼仪问题再次争吵不休，甚至托病不去觐见皇帝。嘉庆皇帝干脆降旨驱逐出境，而且带话给英国国王，声言不必再派使团。这等于是回复了一封“断交信”。

资料记载，在阿美士德使团经过珠江口时，东印度公司驻华大班斯当东来到香港瀑布湾（香港村）迎接船队。在对香港岛进行勘测后，斯当东说：“从各方面来看，无论出口入口，香港水陆环绕的地形都是世界上无与伦比的良港所在。”



## 第一个提出占领香港的英国人

自1781年开始在孟加拉组织生产鸦片以来，东印度公司越来越依靠用“毒品”解决中英之间的贸易不平衡。资料显示，鸦片战争爆发前40年，东印度公司大约向中国输入了42万箱鸦片，而香港则是最重要的鸦片中转地：远洋商船停泊在海上，内河的小船采用蚂蚁搬家的方式，将一箱箱鸦片送进珠三角的河道。

1824年，新加坡成为英国殖民地。这个斯坦福德·莱佛士5年前从柔佛苏丹手中买下的岛屿，成为英国对华贸易的新商站。与此同时，英国国内的商人意见愈发高涨，不仅要求取消东印度公司的专营权，还要求英国获得更多的中国通商口岸，甚至还希望将一个港口据为己有。1830年的圣诞节，一群被英国人称为“花花公子”的鸦片商人，向议会递交了一份请愿信，建议“通过获取一个靠近中国海岸的岛屿属地，使英国在世界这个遥远一隅的贸易免受来自暴政和压迫的影响”。在更为激进的建议中，一场因为贸易而发动的战争正在酝酿中。

1833年，英国政府派出“驻华商务监督”，主要任务便是监督在华英国商人，并被授权在广州或者任何一个英国船舶上组建法庭。一头红发的律劳卑勋爵出任首席商务监督。1834年7月，乘坐巡洋舰“安德洛马”抵达澳门的律劳卑很快便办砸了差事。依赖军舰开道进入广州的律劳卑，发现自己陷入了困境，不仅通商停止，而且英国商馆也被隔绝，珠江口的封锁导致连一艘小船都无法通过。3周后，律劳卑一行灰溜溜地回到澳门。这年10月11日，律劳卑死于热病。在英国国内的舆论里，这叫作“律劳卑的惨败”。

韦尔什所著的《香港史》中记载，律劳卑应该算是第一个提议占领香港的英国人。在1834年8月14日的一份函件里，他建议占领珠江入口处的香港岛，称“该岛完全适于所有的目的”。按照韦尔什的推测，建议可能来自怡和洋行的创始人查顿，因为律劳卑无缘亲自造访这个港口。值得一提的是，日后在鸦片战争中扮演重要角色的查理·义律，此时是律劳卑的船务总管。在律劳卑死后，义律开始出任商务监督的秘书一职。



## 轮到查理·义律登场了

在关于鸦片战争的传统表述中，查理·义律是个不折不扣的混蛋：他包庇鸦片走私，他蓄意挑起冲突，他强行占领香港……

随着史料的陆续公开，义律的形象日渐丰满。事实上，义律是个鸦

英商鸦片走私船

片贸易的坚决反对者。在来到中国之前，义律是英属圭亚那医疗舰“奴隶护神号”的舰长。那时，他曾上书英国政府，说鸦片贸易“给打着天主教旗号的国民丢脸”。此外，他在给英国外相巴麦尊的信中还表示，将结束鸦片贸易。不过，这些都只是私人的观点，一旦涉及外交层面，义律是国家政策的坚定执行者。

1836年，义律升任首席商务监督。1839年，林则徐南下禁烟。鸦片战争中的两个对手就这样相遇了。这年3月，义律在致巴麦尊的信中，把上缴鸦片称为“不正当的恐吓行动”，而且建议发动突然袭击。这得到鹰派外相巴麦尊的认可，巴麦尊的对华策略简单粗暴，那就是开战。

虎门销烟之后，英商和侨民全部迁到九龙尖沙咀对开的海面。这段时间，尖沙咀村民林维喜被酗酒的英国水手打死，义律拒不交出凶手，而中方的应对是禁绝给英人柴木食物接济。1839年9月4日，鸦片战争的前哨战——九龙海战打响。按照林则徐的奏折，当天中午12点，义律率5艘舰船以“求为买食”为名接近清军水师，下午2时30分发动攻击。正在巡洋的大鹏营守将赖恩爵，随即指挥水师船和九龙炮台开炮反击，不久英军“就近掩埋者已有十七具”“叠见夷尸随潮漂淌”“此外夷人受伤者尤不胜计”。出生于大鹏所城的赖恩爵，被道光皇帝赐予“呼尔察图巴图鲁”（勇士）称号。此后，双方又发生了7次冲突，分别是“穿鼻之战”和10天打了6次的“官涌之战”。

从时间段上来划分，鸦片战争分为两个阶段，而义律是上半场的英方主力。1840年6月，义律迎来了英国舰队，包括22艘战舰、27艘运输舰和3600名苏格兰、爱尔兰和印度步兵。舰队总指挥是义律的堂兄乔治，这位海军少将在中方表述里被称作懿律。封锁广州后，英国舰挥师北上炮击舟山，北上大沽。这使得清政府不得不接受英国的条件，撤换了林则徐，改由琦善出面谈判。当年12月，懿律因病回国，义律成为全权代表。

义律显示了强硬的一面。1841年1月，英军强占虎门外的沙角和大角炮台，琦善不得不同意义律的要求，签订所谓的《穿鼻草约》。这个此前一直被称为《穿鼻条约》的文件，其实并没有获得英国和清廷的认可。琦善同意可以代为上奏皇帝，允许英国在九龙尖沙咀或香港岛上“择一处寄寓泊船”，而义律则将“择”和“一处”分别改为“割让”以及“香港一岛”。

1841年1月26日，英军登陆香港岛，地点就在上环水坑口街附近的大笪地。上午8时15分，英国海军“硫磺号”舰长拜尔秋升起英国国旗，并为女王健康三次欢呼。义律在“威里士厘号”甲板上宣布，香港已是维多利亚女王陛下的领地。

这，就是香港被英国殖民统治的开始。从1637年威德尔的船队到达

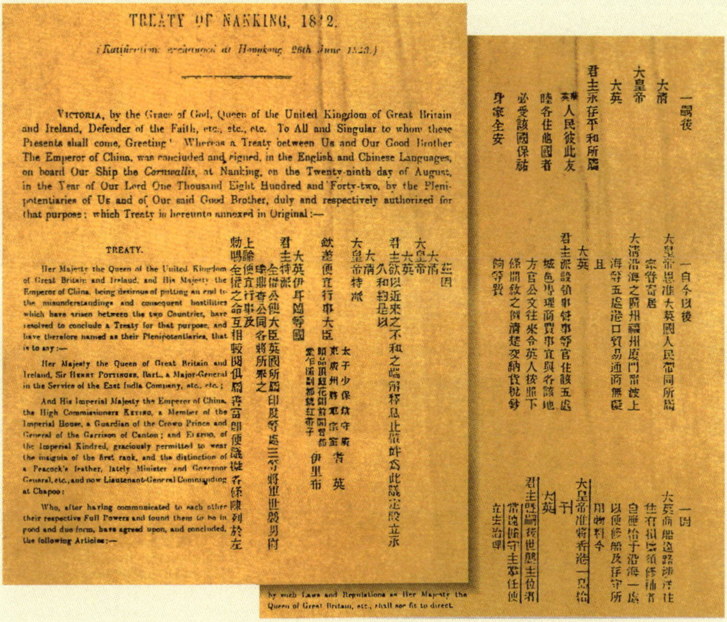
TREATY OF NANKING, 18?2.

(Ratification exchanged at Hongkong 26th June 18?3.)

VICTORIA, by the Grace of God, Queen of the United Kingdom of Great Britain and Ireland, Defender of the Faith, etc., etc., etc. To All and Singular to whom these Presents shall come, Greeting! Whereas a Treaty between Us and Our Good Brother The Emperor of China, was concluded and signed, in the English and Chinese Languages, on board Our Ship the *Cornwallis*, at Nanking, on the Twenty-ninth day of August, in the Year of Our Lord One Thousand Eight Hundred and Forty-two, by the Plenipotentiaries of Us and of Our said Good Brother, duly and respectively authorized for that purpose; which Treaty is hereunto annexed in Original:—

TREATY.

Her Majesty the Queen of the United Kingdom of Great Britain and Ireland, and His Majesty the Emperor of China, being desirous of putting an end to the misunderstandings and consequent hostilities which have arisen between the two Countries, have resolved to conclude a Treaty for that purpose, and have therefore named as their Plenipotentiaries, that is to say:—

Her Majesty the Queen of Great Britain and Ireland, Sir HENRY POTTINGER, Bart., a Major-General in the Service of the East India Company, etc., etc.;

And His Imperial Majesty the Emperor of China, the High Commissioners KEYING, a Member of the Imperial House, a Guardian of the Crown Prince and General of the Garrison of Canton; and ELEPOO, of the Imperial Kindred, graciously permitted to wear the insignia of the first rank, and the distinction of a Peacock's feather, lately Minister and Governor General, etc., and now Lieutenant-General Commanding at Chapoo:

Who, after having communicated to each other their respective Full Powers and found them to be in good and due form, have agreed upon, and concluded, the following Articles:—

by such Laws and Regulations as Her Majesty the Queen of Great Britain, etc., shall see fit to direct.

《南京条约》中、英文本



开始，英国人用了超过200年的时间，终于在中国抢下了一个岛。

然而，《穿鼻草约》两个签字人下场都不妙：琦善不经请示割让“王土”，成为国贼；而义律的职务也很快被解除，因为英国人想要的是舟山并非香港。道光皇帝在1月27日正式下诏对英国宣战，于是义律再度攻打虎门，兵临广州城下。在短暂停火后，双方在5月再度交锋，最终签下《广州和约》。此时，伦敦政府以“未有坚持英国政府的全部诉

《南京条约》签约时的场面

求”和“未有依从训令”的理由罢免义律。据称，维多利亚女王曾指出义律是“一位完全不遵指令而努力争取最短任期的人”。1841年8月，义律离开中国，在伦敦接受了长达4年的调查。此后，义律出任驻得克萨斯共和国的英国代办，促成了墨西哥政府承认得克萨斯独立。



接替义律的是更为强硬的璞鼎查。按照英国政府的要求，璞鼎查指挥英国军舰北上，并在1842年8月兵临南京城下。清政府被迫签订中国近代史第一个不平等条约《南京条约》，割让香港成为正式条文。在签订条约的英国战舰上，有一个年仅14岁的海军实习生巴夏礼，工作是负责给海军指挥官郭富爵士照看“硕大的三角帽和羽毛饰”。在第二次鸦片战争中，巴夏礼成为割占九龙半岛的重要人物。

# 把深圳划入新界，英军曾经渡河

占据香港岛，只是一个开始。在此后的50多年间，英国一直尝试扩大地盘，直至1898年签订了《展拓香港界址专条》才告一段落。在此期间，英军曾经攻破南头城，还曾占据深圳墟长达半年。

## 英军曾经攻入南头城

占领香港岛后，英国政府的目光一直没有从舟山离开，甚至一度将香港作为换取另一块土地的筹码。香港岛不再成为争议点，缘于以义律为首的海军系一再坚持。在一份长篇报告中，义律分析称，香港拥有的长处包括“巨大而安全的港口，丰富的淡水，易于由强大海军来保护等”，而且“地域大小和人口都很适合我们的需要”。

在义律和琦善的沟通中，尖沙咀也是英国追求的“寄居贸易之所”。1842年，英军更是秘密在此修造营房以图长驻，所幸被赖恩爵率兵驱除。英国方面认为，占领九龙半岛不仅“绝对必要”，而且“刻不容缓”。海军的意见认为，九龙半岛在台风季节是安全的避风港，平时也可为香港提供“安全保证和必要的供应”。从军事角度分析，如果九龙半岛被别国占领，将会对香港岛构成威胁。

这个“别国”，正是大清。在九龙海战中，九龙炮台发挥了巨大的

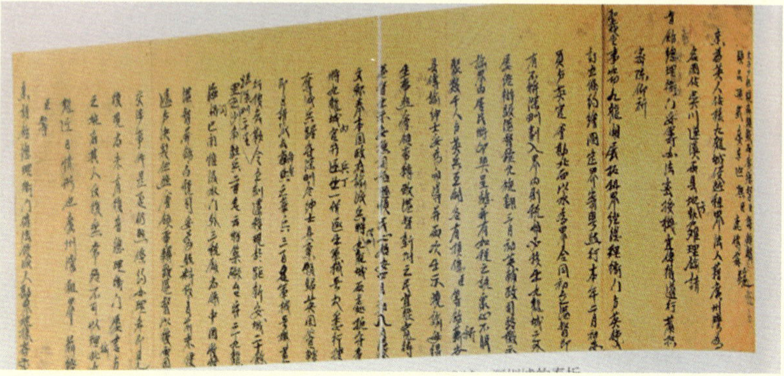

两广总督向清政府报告英军侵占九龙城和深圳墟的奏折

作用，沿岸要塞大炮的威胁必须加以考虑。事实上，英国海军的担心并非多余。就在不久后的第二次鸦片战争中，北方的大沽炮台就曾击败了一支英法联合舰队。



1843年，清廷将官富巡检司从深圳河边的赤尾村南迁，成立了九龙巡检司。在时任广东水师提督赖恩爵的力推下，九龙城历时8个月于1847年5月建成。文有九龙司巡检，武有大鹏协水师副将，九龙寨城成了防御前哨，也是英国人的眼中钉。

英国以“亚罗号”事件为借口，法国以“马神父事件”为借口，发起了第二次鸦片战争。1856年10月，英国舰队炮轰广州，正式挑起战争。此时，新安县的乡绅在南头城明伦堂聚会，决定严禁向香港供应食物，而且号召在香港开店的百姓停业回乡。此外，新安县还自发组织了“抗敌会”，潜入港岛袭击零散英军。最富传奇性的事件是1857年1月的

“毒面包案”，三四百名英国人食用了加入砒霜的面包发生呕吐，港督为此发布了宵禁令。

1857年4月，英军袭击了九龙城，并将驻守的大鹏协副将张玉堂劫持到香港。但在民间，抗争却取得效果，新安的乡绅发布告示，以“绝贸易、断接济、禁服役”打击在香港的英国人。当时，香港岛只有8万人，却有2万人响应号召回乡。港英当局在7月发布告示，声称离港、封港人士为敌人。

8月3日，英军在新安县县治南头登岸张贴告示，南头的乡勇发起攻击，打死打伤英军各1人。一个星期后，英军展开报复。10日傍晚，载有3000多名海陆士兵的船队驶进栏甲嘴，并在11日上午开始上岸攻城。用舰炮轰开西门后，英军攻陷南头城，毁坏县衙，打开监狱。随后，新安县知县王寿仁率领乡勇回援，激战3小时后将英军击退。可以说，这是英国人第一次入侵深圳现有的土地。

## 占领九龙，英国人搞了出“授土仪式”



1857年10月，5600余名英法联军进攻广州，清朝官员投降，巴夏礼成为实际主政广州的英方代表。英国军方割占九龙的呼声日益高涨，皇家工兵办事处的意见称：“如不占领该地，就无法防止敌人对香港港口的进攻。”驻扎广州的英军司令斯托宾齐少将也提议占领九龙。在1858年6月，英国外交大臣向驻华全权特使额尔金写信命令：“一旦出现机会，应竭力通过条约从中国政府手中将这些地方割让给英国政府，至少要割占香港对面的九龙岬角。”

1858年5月20日，英法联军攻占大沽炮台，并在6天后到达天津城。清政府为此先后与俄、英、法、美四国代表分别签订《天津条约》。额尔金收到信时，《天津条约》已经签署，割占九龙的目的并未实现。

巴夏礼

1859年6月，英法联军在大沽惨败，4艘军舰被击沉。英国政府为此决定展开更大规模的军事行动。在此期间，广西巡抚劳崇光出任两广总督。巴夏礼向劳崇光表示，由于大批英军即将到达，需要暂时占领九龙半岛一部分作为宿营地。

1860年3月18日，英军第四十四特遣团强行登陆尖沙咀。在此后的两个月内，几乎每天都有英法士兵抵达香港。从当年留下的照片来看，英军帐篷密密麻麻。需要说明的是，彼时中英双方并未处于交战状态，英军的占领就连自己都认为属于“不合法”。

在军事占领的同时，巴夏礼开始与劳崇光交涉租借九龙半岛。3月19日，巴夏礼向劳崇光递交公函，提出九龙半岛的混乱给维护英国利益带来不利，建议清廷予以租借。3月21日，巴夏礼和劳崇光一起签字用印互换租约文件。租约规定，九龙半岛在所划界线以南的地区（该界线从邻近九龙炮台南部之一点起，至昂船洲最北端止），包括昂船洲在内，租借给英国。文件还提出，只要英国政府按时交付每年500两白银，清廷就不能要求归还土地。这其实已是一份永久性租借约定。在清朝的官方文件里，巴夏礼的名字是吧嗄哩。作家施叔青在《香港三部曲》里称，在这一时期的中英外交关系中，吧嗄哩是一个出了名的角色，清朝官书故意把他的英文姓氏译名加上“口”字旁，表示他浑身上下皆是利嘴。

1860年8月1日，英法联军展开第三次大沽口之战，并在10月抵达北京的圆明园。这年10月，《北京条约》签约，条文规定巴夏礼与劳崇光“代国立批永租在案”。为显示割占的合法性，英国人搞了一出“授土仪式”。1861年1月19日，驻港英军渡海前往九龙，在全权特使额尔金面前，巴夏礼将一个装满泥土的纸袋塞给清朝官员，后者再把纸袋交还，以示领土的移交。

广州发行的英文报《中国之友》报道称，出席仪式的清朝官员只有新安县令、大鹏协副将、九龙司巡检和一名级别较低的军官。报道为此评论称：“整个说来，这是一幅贴切的时代画卷。可怜的中国，在鞑靼严正王朝的统治下，你的末日到了！”

## 英军曾经占据深圳长达半年



时间来到了1898年，英国政府提出了“拓界”。针对俄国强租旅顺，英国对应要求租借威海；针对法国租借广州湾，英国对应的要求是租借“新界”。1898年6月，李鸿章代表清政府和英国驻华公使窦纳乐签署了《展拓香港界址专条》。

这年7月底至8月底，香港辅政司骆克进行“新界”调查，《香港新界调查报告》中第一次出现了“深圳河”的名字。在骆克最初的构想里，深圳本该也划入新界。他在报告中写道：深圳是新安县东部的政治中心，影响巨大，“让中国的一个城镇留在英国咫尺的地方，其不利之处在九龙城问题上已有体会，该城多年来一直是个麻烦，而且是香港政府和中国政府经常发生摩擦的根源。如果仍许深圳为中国领土，历史肯定会重演”。

英国接管新界，遇到了民众的反抗。1899年3月28日，深圳河以南的锦田、屏山、厦村的乡绅在邓氏祠堂开会共商“自卫之道”。大家决定召开各乡代表集会，联合反对英国接管新界。4月10日，新界各乡代表在元朗倡建“太平公局”，组织起抗英武装力量。

4月15日，在大埔墟登陆的一连英军士兵被困，骆克带领援军在第二天进入吐露港，并占据了旗竿山，升起了英国国旗。与此同时，新界抗英也到了最为激烈的时刻。锦田村吉庆围是一座建于明朝成化年间的坞堡式围村，村落出入口设有一扇铸造于康熙年间的大铁门。居住于此的邓氏家族，紧闭铁门，依靠深沟高垒与英国抗衡。屡攻不下的英国最后动用大炮攻入围村，并将大铁门抢去运回伦敦当作“战利品”展览。直至1925年，在锦田民众强烈要求下，铁门方才从爱尔兰乡间寻回送至故里，并成为香港一件特殊文物。

在施叔青的《香港三部曲》中，也讲述了这段故事，“吉庆围”名称改成了“同德围”，“邓氏”也变成了“屈氏”：怀特上校找到了攻击的目标——连环铁门，同德围的“眼睛”。他下令动用大炮轰击，铁门被轰塌倒下了，围城无门，只剩两个黑黑的窟窿，同德围盲瞎了。英军继续以大炮掩护，攻入无门可防的围内，机枪子弹对付手持长矛大刀的血肉之躯。章靖公为子孙建造的围墙，躲过历代无数盗匪贼寇来犯的南北两个大围，终于沦落在异族的大炮枪弹下，噤声了。怀特上校下令夺走同德围的连环铁门，当作战利品运回伦敦展览。一直到1925年，铁门被劫走26年之后，最后从伦敦运回归还原主。屈氏子孙刻碑记述其事教育后代，在重光的铁门两旁刻上对联：南国树屏藩，恩留郇黍；北门重锁匙，誉羡寇莱。

施叔青的文字还记下了一个传闻：骆克用银票买通了新安知县，

1899年4月16日，英军在
大埔扯起了英国国旗

这位知县将深圳河以南各乡村的村名，连同各地区的乡绅名单提供给骆克。作家说，这份名单后来存于英国档案处，香港中央档案室也有一份副本，编号为“一八九九年四月廿四日殖民地秘书处密件第三号”，题为《有关乡绅及长老之保密名单》。

以抗英民众中“有号衣者”为由，港督卜力找到了进军深圳墟和九龙寨城的依据。他向英国政府报告称：“暴徒”准备从深圳河北面入侵，而九龙城的清军也参加了抗英。在得到英国外交部的授权后，英国皇家威尔殊火枪队在5月16日进占了九龙寨城，另一支2000人的队伍兵分三路渡过深圳河，占领了深圳墟及附近的村庄。

占领深圳，也是一次绑架。英国人开出了价码：15万元赔款。清政府的回应也很干脆：无权要求赔款。相较于深圳墟，九龙寨城才是焦点。李鸿章照会港督卜力时称：“中国对此事表现了极大的容忍。英国进军九龙城，驱逐中国军政官员，强令中国官兵撤出深圳，悬挂英国国旗，如此种种行为出乎意表。”

一方面是外交僵局，另一方面则是民间危机。占领深圳后的第10天，港督卜力写道：“从深圳河到东莞一带是中国最动乱的地方，它是‘三合会’总部所在地。统治这样一个地区，需要加派军队，大量增加警察，殖民地要增加很大花费。我认为，现在以河为界最好，就算以殖民地的需要来说，也没有必要再拓展。”在英军占领深圳后，新安县管辖的雁田地区村民1000多人签名宣誓保卫家乡，10天之间就组成一支3000多人的志愿民兵队。

11月2日，卜力下达了撤出深圳的命令。13日，英军在上埔军营集中。在占领了深圳半年之后，英军渡过深圳河撤回新界。没有达到占据深圳的目的，英国却在九龙城实现了“拔刺”。在用武力将九龙城内的清朝官员赶走之后，清廷保留的所谓治权成了无法行使的摆设。随后，英国又单方面宣布，废除清政府的管辖权。

# 真实的抗日，比《明月几时有》更传奇

2017年，香港回归祖国20周年，导演许鞍华拍了部名叫《明月几时有》的电影，文艺范十足的片名却是部战争片，讲述了香港1942年间的抗日故事。周迅、彭于晏、霍建华等人的出演，让方姑、刘黑仔、李锦荣这些真实的游击队员得以为后人所知。

在经历者的表述里，长达3年零8个月的日占时期是香港的至暗时刻。深圳的沦陷时间更为长久，而抗日的火种正是从深圳河的北岸开始点燃的。

## 深圳曾有一支“沙头角孤军”



1938年10月12日晨，45000名侵华日军在大亚湾登陆，这是广东沦陷的开始。这天是农历八月十九，夜里月光皎洁。3天后的15日，惠州沦陷。到了21日，广州沦陷。深圳的沦陷之日，是22日。当天，日军在大鹏湾登陆，4天后占领罗湖、南头、龙岗，这是深圳第一次沦于日寇之手。几天之后，该股日军撤离深圳。

2017年，深圳民革市委会组织考察组，调研侵华日军登陆大亚湾的登陆点。家住大鹏坝岗村的蓝杰老人，是1938年10月12日侵华日军登陆的目击者。老人回忆说：“当年我仅9岁，日本鬼子登陆时村民急急忙忙逃到山里去。但是村民是有抵抗的，我的堂兄蓝造率村民用土枪向日军

1942年的广东人民抗日游击总队。《东江民报》刊登的木板刻画《护送》



开了第一枪。后招致日军报复，我们坝岗、盐灶100多名村民被杀，当时来不及逃进山林的6个老人和一个7岁小女孩，躲在关爷庙的神台下，结果被日军搜出，全部用刺刀刺死。”

抗日的火种由此开始点燃。电影《明月几时有》的故事来源于东江纵队的真实经历。史料记载，中共党组织于1938年10月15日成立了东莞县抗日模范壮丁队，12月2日在叶挺家乡惠阳周田村成立惠宝人民抗日游击总队，1940年9月成立广东人民抗日游击队，1943年12月2日成立广东人民抗日游击队东江纵队。在长达14年的抗战中，这支孤悬华南敌后的抗日武装得不到来自党中央的直接支援，困难时期甚至连一部电台都没有，仅靠收音机来收听延安新华广播电台的消息。就在这样的艰苦环境中，东江纵队独立发展壮大为拥有11000多人的抗日武装力量，其开辟的华南敌后战场成为“敌后三大战场”之一。1945年，朱德同志在“七大”军事报告《论解放区战场》中，将东江纵队与琼崖纵队、八路军、新四军并称为“中国抗战的中流砥柱”。

1939年8月，日军再次出兵侵占深圳，两个月后又一次撤出。1940年6月，日军第十八师团在赤湾登陆，当天占领南头、罗湖，深圳第三次沦陷。至此，日军占据着深圳河北岸，直至珍珠港事变。1941年12月8日，日军第三十六师团的15000人越过深圳河攻入香港新界，英军无奈困守香港岛。17天后，港督杨慕琦向日军投降。

抗战史上，四行仓库的800壮士以“上海孤军”之名载入史册，同样，深港区域也有着一支“沙头角孤军”。《深圳商报》记者蒋荣耀曾撰文如此讲述：驻守惠州的国民党一五一师被打散后，中央炮兵连、一五一师九〇四连和虎门卫士队等1000余人，一度退守到沙头角，统一改编成若干营，由刘儒团长任总指挥，继续抵抗，人称“沙头角孤军”。“沙头角孤军”在四面受敌的情况下，一直坚守阵地。在极端艰险的环境下，他们还曾采用游击战术，夜袭驻横岗日军，终因寡不敌众，“沙头角孤军”900名士兵被迫退入香港新界。港英当局解除了他们的武装，先后软禁在九龙马头涌难民营和亚皆老街“孤军营”，人称“香港中国孤军”或“香港孤军”。这支“沙头角孤军”经过一段时间的囚禁后，当时驻香港中国军事代表团团长、海军中将陈策曾经向港英当局提出，应该武装“孤军营”的中国军人抗击日寇，但港英当局一直希望避免与日本作战，故对此建议不置可否。

和“上海孤军”的结局不同，“沙头角孤军”拼出了一条生路：1941年12月九龙沦陷，香港即将全面失陷之际，港英当局才送来左轮手枪75支、手榴弹20箱，让“沙头角孤军”参加对日作战。走出“孤军营”的中国军人奋勇冲锋，后因英军增援部队迟迟不到，他们只得杀出一条血路，再次通过沙头角前往惠州与大部队会合。

## “抗战以来最伟大的抢救工作”

电影《明月几时有》的切入点，是“省港文化大营救”。起点是香港岛，终点是宝安的白石龙村。70多年前，那里一度有“小延安”之称。

1941年12月，日本占领香港后，贴出布告限令在港知名文化人必须到“大日本军指挥部”报到，否则“格杀勿论”。根据中央指示，时任中共中央南方局书记的周恩来同志，指示当时正在香港的八路军驻港办事处主任廖承志，让他要想尽一切办法将这些人解救出来。白石龙村，便是文化名人从香港脱险后停留的第一站。作为亲历者，茅盾先生称之为“抗战以来最伟大的抢救工作”。

时任广东人民抗日游击队第五大队大队长的王作尧是大营救的主要执行者之一。他在中华人民共和国成立后的回忆录称：“那些在国内外有影响的民主人士、国民党左派元老等，从西贡村坐船到上洞，由彭沃大队接送到坪山，然后从淡水坐船前往惠州。其他文化界人士则走宝安这条交通线，即从荃湾到元朗，与难民一起通过沦陷区日军的封锁线到白石龙根据地，再设法分散送往大后方。”陆上交通线即西线，从九龙到荃湾，越过香港最高山大帽山到达元朗，然后渡过深圳河，进入宝安抗日根据地；东线水上交通线，从九龙往西贡然后乘船进入内地，转入惠阳抗日根据地。

广东人民抗日游击队护送从香港营救出来的文化人士和爱国民主人士



关于如何离开港岛，胡绳写下了以下这段文字："一天，一个朋友来通知我，立即在当夜坐船渡海到九龙，准备步行离开日本军队占领地区，进入东江游击队的地区。"这一天，是1942年1月9日。当天，茅盾、叶以群、戈宝权等文化人在香港骆克道，换上老百姓的便装，打扮成难民，由游击队的交通员引领，避开日军岗哨和检查站，至黄昏时抵达铜锣湾避风塘，登上营救人员准备好的一艘大驳船。邹韬奋、胡绳、廖沫沙、于伶等人也先后由交通员带到这里。次日凌晨，交通员又分别将这些文化人带上3只披有草席篷的小艇，趁着铜锣湾出口处巡逻日军换岗之机，疾驶渡海，终于安全抵达九龙市区秘密接待点。

1月11日清晨，第一队文化界人士离开九龙向青山道出发，又经一条狭窄的山路登上海拔900多米的大帽山，然后穿过较隐秘的山谷。这一队有茅盾、邹韬奋等数十人。他们化装成难民的样子，有的身上背一小袋米，有的带些简单的包袱，把眼镜、钢笔这些知识分子用的东西藏起来。茅盾在《脱险杂记》中写道："终于到了茫茫一片的水边。有渡船，那是平底大木船。我们这一群总共装了三船。三十多分钟以后，三条木船都靠了岸；这是宝安县属，是沦陷区。"化装成难民的文化人，拿着"良民证"，心惊胆颤地通过了河边日军哨卡的"点验"。茅盾的描述是："过了这鬼门关的人们都跑得很快……回头再一看，呵，后面来的三五位神色仓皇逃也似的奔了来。他们一面跑，一面向我们挥手喊道：快走呵，日本小鬼要打人了！"

渡河的地点，是深圳河边的赤尾村，也就是现在的上步码头附近。接下来的路，便是走向白石龙村。《新百姓报》工作人员李征的回忆文章中，留下了第一批文化人入驻的场面："天主教堂内挤满了从香港脱险归来的人。男女老少都有，熙熙攘攘……没有倦意，如同回到老家那样欢快。"



走水路的东线，最著名的乘客是何香凝女士和柳亚子先生。游击队当时本打算用机动帆船直接开往海丰县去，可日军却要没收所有的机动船只，船主只好拆下机器变成了布帆船。这条帆船1月10日启程，先是遇上了海盗，随后又赶上了无风可乘的天气，结果本来只要两三天的航程，竟在海面上漂泊了7天7夜。所幸碰上了东江游击队的巡逻艇，送来几箩筐重达百斤的番薯，这才不至于水尽粮绝。当海丰马宫港目视可及之时，何香凝赋诗一首："水尽粮空渡海丰，敢将勇气抗时穷，时穷见节吾侪责，即死还留后世风。"

在《东江历险长留念》一文中，廖沫沙如此形容："把他们从敌人的虎口中安全地抢救出来，这不但是我们党的一项伟大的功绩，而且在

在香港的部分文化界人士合影



历史上也是空前未有的一次严峻、艰巨的大撤退。”这场大营救历时近200天，行程万里，遍及十余省市，共营救出抗日爱国民主人士、文化界人士及其家属800余人，无一失误。

踏入2000年，文化大营救的遗址成了被“营救”的对象。随着深圳经济的发展，原本只是小山村的白石龙成为一个工业区，文化名人居住和生活的旧址面临着推土机的威胁。2005年2月25日，《深圳商报》刊登了一篇报道，题为《文化名人大营救接待站急需营救》。这引起了邹韬奋先生之子邹家华的注意。邹家华时任国务院副总理。在他的关注下，中国文化名人大营救纪念馆由此成立。

## 电影中的英雄都是真实的存在

《明月几时有》以东江纵队为蓝本，当中的人名都是真实存在的，只是做了艺术化的处理，电影中的情感戏便是加工后的产物。

霍建华出演的李锦荣，是一个真实的名字，事迹却是导演虚构的。护送文化名人逃离香港的带队交通员，名字叫李锦荣。在一篇东江纵队老战士的回忆录中，有着以下记载：李锦荣向岸边的一艘小艇问："有黄花鱼卖吗？"答："有。"又问："论斤还是论条？"答："你到舱下看看吧。"暗号对上，随即上艇，开赴停泊在避风塘的一条大驳船。

周迅出演的方姑，是一位传奇女性。方姑原名孔秀芳，是一名香港教师。她1921年生于香港，是个1938年就入党的老党员。1937年，方姑参加了中共影响下的香港学生赈济会并成为儿童团长。香港沦陷不久，党组织调她回游击区工作，先后担任过东纵女子中队指导员、华南队支部书记、东莞路西敌后工委委员等职。"方兰"就是她到游击区后改用的名字。在游击队里，大家都习惯称她为"方姑"。1943年，方兰潜回香港，组建东江纵队港九大队市区中队，并担任中队长兼指导员。到1945年春，队伍已发展成300多人，被当地百姓称为"方姑游击队"，成为日军的心腹之患。

方兰的母亲叫冯芝。1944年3月18日，冯芝在渡海执行送情报的任务时被日军宪兵逮捕。当敌人问她是"什么人"时，她自豪地回答："我是中国人。"最后，冯芝被日本海军刑事部以"间谍罪"处以死刑。日本投降后，方兰仍然以教师为职业，在香港工作和生活，先后任香港地下党区委书记、九龙职工小组长、女工工作组长等，于1948年调到广东工作。1998年5月，方兰病逝于广州，享年77岁。

彭于晏出演的刘黑仔，更是一个传奇英雄，近年来频频成为影视剧作的主角。

刘黑仔原名刘锦进，龙岗大鹏人，因长得黑被称为“黑仔”。在日军登陆大亚湾后，刘黑仔加入曾生领导的惠宝人民抗日游击队，并于1939年春入党。香港沦陷后，刘黑仔是第一批被派到香港组织游击队的，并担任短枪队副队长，后来又任正队长。

当时刘黑仔率领短枪队在香港四处活动，日本人重金悬赏，欲取刘黑仔人头。汉奸特务队长肖九如、鲍鱼强等人，自恃有日本人撑腰，率领汉奸队伍四处寻找短枪队员的下落，欲抓住刘黑仔领赏。刘黑仔将计就计，化装成“汉奸队员”，在金龙酒家击毙了正摆宴席的肖九如。这传奇的一幕，便在《明月几时有》中真实再现。

被屡屡提及的另一件事迹，是成功护送美国飞行员克尔中尉。克尔是美国第十四航空队中尉，1944年2月21日突袭香港启德机场时被击落，跳伞降落被港九大队营救。为转移日军视线，刘黑仔率队潜入启德机场，炸毁了停机房和油库，使得克尔中尉得以脱险。回到桂林大后方后，克尔在感谢信中称刘黑仔为“再生父母”。

刘黑仔牺牲于抗日战争胜利之后。1946年5月1日，刘黑仔在广东南雄县界址圩调解民事纠纷时，遭国民党军包围。他在突围时不幸大腿中弹，后染上破伤风而牺牲，年仅27岁。遗体埋葬在江西省全南县正和乡鹤仔坑村，一个战士用一块红砖刻了一块墓碑，上书“东江纵队英雄刘黑仔烈士之墓”。1985年，刘黑仔的陵墓迁至故乡——广东省深圳市龙岗区大鹏镇。

**边境**：边境是邻近边界的土地，而边界则是单位之间的一条界线。

# 三

## 边境

最初的深圳经济特区，形状极为奇特，南北很短，东西很长。除了边防部队，很少有人会意识到，特区的范围其实和边防禁区高度重合。30年前的粤港边防线，东起南澳葵涌，西至宝安固戍，长达260多公里。

也很少有人知道，现在的深圳闹市其实也是边防禁区不断缩减的结果：比如最初的地王大厦地段，是边防部队的指挥部；比如世界之窗的埃菲尔铁塔所在地，曾是部队的营房；还比如深圳的两条海滨栈道，无论是深圳湾畔的红树林，还是大鹏湾畔的盐田，其实都是边防禁区。

深圳河畔是边防禁区，但是距离城市主干道滨河大道，最近处只有不到20米。假如不是铁丝网的存在，静静流淌的深圳河无异于一个亲水公园。界河的存在，让深圳河两岸成为一个特殊的存在：现在的深圳河，是中华人民共和国两个行政区域的界河；过去的深圳河，是中国和英国管辖范围的界河；在冷战时期，这条小河更是社会主义阵营和资本主义阵营的分界线。

# 铁丝网

“每当夜幕降临，从梧桐山下直到深圳河口，就会亮起长长一排灯光，站在深圳的高楼上望去，宛如天边闪烁的银河。这就是深港边界一景——边界灯。”1997年出版的《深港关系史话》，用这样的文字描述边界的夜景。

有灯，便有网。灯下是两道平行的铁丝网，中间是一条军用巡逻公路，南边稍高一点的铁丝网建于1962年，北边的这道则属于深圳边防。布设两道铁丝网，目的都是防止有人偷渡。

## 深圳河边原本并没有网



深圳河边，原来并没有网。即使是成为界河，也任由两岸人民自由往来。

根据《香港英新租界合同》的规定，深港边界的具体位置为：

“北界始于大鹏湾东经一百一十四度三十分潮涨能到处，由陆地沿岸直至所立木桩，接近沙头角（即土名桐芜墟）之西，再入内地不远，至一窄道，左界潮水平线，右界田地，东立一木桩，此道全归英界，任两国人民往来。

“由此道至桐芜墟斜角处，又立一木桩，直至目下涸干之宽河，以河底之中线为界线，河左岸上地方归中国界，河右岸上地方归英界。

20世纪60年代的深圳河和深港边界的铁丝网

“沿河底之线至径口村大道，又立一木桩于该河与大道接壤处，此道全归英界，任两国人民往来。此道上至一崎岖山径，横跨该河，复重跨该河，折返该河，水面不拘归英归华，两国人民均可享用。

“此道经过山峡，约较海平线高五百英尺，为沙头角、深圳村分界之线，此处复立一木桩，此道由山峡起，即为英界之界线，归英国管辖，仍准两国人民往来。

“此道下至山峡右边，道左有一水路，达至径肚村，在山峡之麓，此道跨一水线，较前略大，水由梧桐山流出，约跨百码，复跨该水路，右经径肚村抵深圳河，约距径肚村一英里之四分之一，及至此处，此道归入英界，仍准两国人民往来。

“由梧桐山流出水路之水，两国农人均可享用。复立木桩于此道尽处，作为界线。沿深圳河北岸下至深圳湾界线之南，河地均归英界。其东西南三面界线，均如专约所载，大屿山岛全归界内。大鹏、深圳两湾之水，亦归租界之内。”

在这份将深圳河变成界河的文件中，多次提到“任两国人民往来”。事实上，深圳河边在1949年之前基本上处于无人管辖状态，两岸的农民随意过界耕种，两地民众也可随意走过罗湖桥。

短暂的封锁出现在日军占领深圳地区之后，日军和英军在罗湖桥头对峙。这一局面也很快改变。在占领香港之后，日军拔掉了界碑，深圳河短时期内不是一条界河。

## 解放军面对香港按兵不动

1945年8月，日本宣布投降。孙立人将军率领的新一军，越过罗湖桥进入香港。据统计，战后在香港九龙塘的中国军队先后不下10万人。这是中国提前收回香港主权的良机。可惜的是，由于邱吉尔的强势，蒋介石虽然多次努力仍然未能对香港恢复行使主权。英国归还了租界，却始终控制着香港。

解放战争爆发，港英当局在1949年6月14日制定紧急状态条例，封锁边界，控制人口，实行移民登记等一系列措施。深港边界两边人民自由往来的历史，就此终结。出乎港英政府意料的是，势如破竹的解放军在深圳河前停下了进军的步伐。1949年9月11日，华南分局第一书记兼广东省军区司令员叶剑英传达了毛泽东和周恩来的指示，规定部队“不能越过樟木头一线”。

关于暂不对香港恢复行使主权的问题，周恩来总理曾做出多次阐述。早在1948年8月，他就明确表示：我们现在没有收回香港的打算。香港工作的重点是拉英反美，反对国民党反动派，保护当地人民的权利，保护中共在香港的机构。

翻开1949年10月20日的《大公报》，当天最醒目的新闻就是《深圳昨日宣告新生人民政权正式建立》。香港《正报》同日记录的细节是：“1949年10月19日下午4时25分，由粤赣湘边纵队宝深军管会主任刘汝琛率领接管人员百余人从布吉开进深圳，7时30分，深圳各界人士在民乐戏院举行盛大欢迎会。刘汝琛在会上庄严宣布：深圳镇正式解放。”



1949年10月15日，解放军解放惠州之时，中共中央考虑到深圳是通往香港和国外的重要通道，为避免与深圳河南岸一线的港英当局发生冲突，便命令部队开到宝安布吉为止。中央的期望是，能以和平的方式解放深圳。面对中国人民解放军摧枯拉朽的强大攻势，许多驻守深圳和周边乡、镇的国民党军警部队已经投诚，深圳镇也只剩国民党税警二团和护路大队共1400余人驻防。到了16日， 驻守深圳的国民党部队宣布起义。

解放南头县城后，解放军部队用3天时间演练和准备，筹划在地下党的配合下争取不发一枪完成中央和平解放深圳的指示。10月19日下午3时

1949年10月，中国人民解放军宝深军事管制委员会接管了文锦渡关卡和罗湖关卡

许，刘汝琛率100多名由军装换上警察服装，佩戴“人民警察”徽章的解放军和60多位佩戴“政工队”袖章的干部，先行一步，从布吉乘坐货运火车直下深圳，接管深圳镇和九龙关。军事接管人员一到站，便迅速占领国民党警察所和镇政府，接着接管了火力发电厂、铁路东站、商会、银行等重要部门。根据资料记载，刘汝琛当时还接受了英国《泰晤士报》的采访。深圳市宝安区档案馆提供的档案资料显示，他在向记者发表谈话时表示：“对深明大义在深圳宣告起义的蒋府部队予以赞扬。”

《大公报》的报道则记录下19日记者从文锦渡进入深圳的所见所闻：“过了文锦渡那座红桥，就踏入了解放区。起义了的中国海关人员见到我们走进深圳境，每个人都显露出一种亲热的表情……途中迎面走来五个身穿白制服的青年同胞，他们还看不清楚我们，就挥起手向我们高声叫了起来：‘解放军到，刚刚入市区，时间是五点廿分。’”

## “封锁河口”与设立禁区



深圳河边的网，出现的最早时间是1950年。这年6月，英方开始沿深圳河南岸筑起铁丝网。在1951年，中方开始“封锁河口”，英方开始设立禁区。

深圳和平解放后，两地人员的往来最初并无特殊变化。当时沙头角的解放军要到深圳公干，最便捷的方式便是穿上便装，坐上香港的公共汽车前往文锦渡，绕近路进入深圳镇，这样能够少走70里的山路。平和的边境，折射出中英两国的关系风向。1950年，英国是第一个开始与中华人民共和国进行建交谈判的西方大国。然而，平静十分短暂。朝鲜战争爆发，深圳河成为冷战的最前沿。

1951年2月15日，广东宣布从即日起，深港边境“封锁河口”。来往香港的旅客须持公安机关签发的通行证由对外开放口岸出境，其他沿海

中英新界的铁丝网边界



边沿地区一律禁止出入。北岸的整顿边防，源于日渐紧张的边境局势。在海南岛被解放之前，深圳一直是国民党反动派空军的轰炸重点，深圳火车站的油库在1950年被炸，文锦渡的粤港公路也曾中断。而且，国民党反动派势力滞留香港，特务间谍时常越境制造事端。1950年3月，一个征粮工作小组6人，在西乡隔岸村被香港的国民党反动派势力杀害，这便是惊动中央的“隔岸村惨案”。

研究者称：深圳河一带杀机四伏，比如河边的长岭村3次被袭。宝安县公安局当时的内部《敌情综合》指出：仅1953年3月，就发现“反运传单3宗、国民党旗1宗、燃烧炸药1宗”。文件还披露：“1952年8月4日，

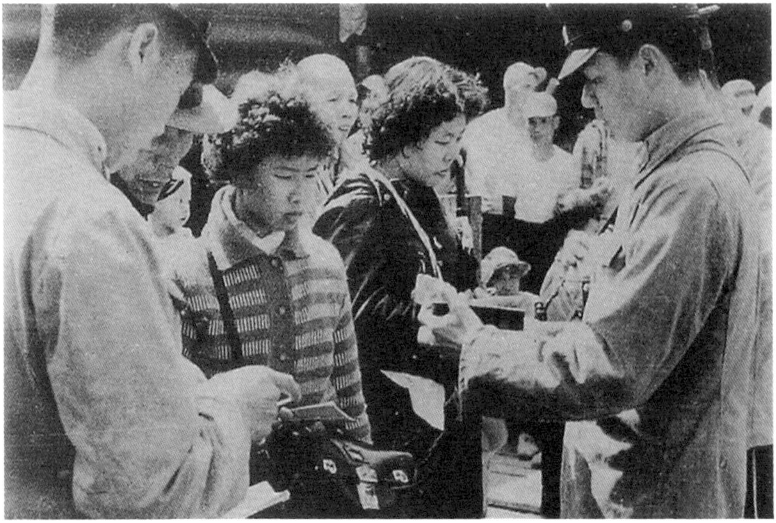

深圳边防检查站检查员
正在罗湖桥头查验旅客证件



盐田乡南山村村民钟天生、钟煌友两人上山砍竹子，发现外国香烟盒和罐头盒。公安部门前往追捕，全歼敌特6名，牺牲了排长陈德才和战士唐生源。”

深圳河的北岸，开始酝酿成立“安全保护区”。保护区里划出了三条线。第一条是边防线，1956年的一份文件中提到了“边防区”，其指向是：东起大鹏湾，西至茅洲河；南从深圳河起，北至山厦。横长91公

当年罗湖口岸旅客轮候过关的情形

里，纵深19公里。任何外来人员须持有公安部门开出的边防通行证，才能进入这边防线。再往南走，须持有当地边防开出的“特许证”，再经哨卡验证，才能进入第二道防线，即“禁区线”。进入“禁区线”后再往南，即在距离深圳河还有50至100米的地方，划有一条“警戒线”，这是一条两米宽的简易公路。

深圳河的北岸，边境管理由此分工明确严格，人员进出由边防局、公安机关负责，军事防务由驻军和民兵负责。在改革开放之前，深圳河边的防备内容主要是“六防四反”：防袭击、防骚乱、防破坏、防空、防火、防毒和反偷渡、反内潜、反空降、反走私。这些工作，贯穿了中华人民共和国成立之后的30年。

《深港关系史话》提到的南岸铁丝网，同样是一条戒备森严的防线。从东面的沙头角到西面的沙尾，深港陆地“边界”沿线设有铁篱笆、碉堡、警署和其他的军用设施。研究资料列出的顺序依次为：沙头角警署、伯公坳碉堡、矿山碉堡、老虎山碉堡、打鼓岭警署、瓦窑碉堡、文锦渡警署、南坑碉堡、罗湖警署、大雾山雷达站、马草垄碉堡和警署、落马洲警署、担竿洲碉堡。这些设施都装有探照灯和瞭望设备，可以与香港英军指挥部直接联系，有些地方还在离前沿较远的山背上建起第二道铁丝网。在1967年之前，边境巡逻由香港警察执行，此后因为深圳民兵与沙头角警署的冲突，来自尼泊尔的廓尔喀雇佣军负责接手。关于与沙头角警署的冲突，《深港关系史话》归结为“文革”逆流。当时中方集会支持香港左派，深圳民兵与港英警察发生枪战，中方1人遇难，港英方5名警察丧生。

按照港方的说法，边境禁区最初于1951年设立，原因是当时边境的活动频繁，加上非法入境问题日趋恶化，当局遂根据公安条例设立禁区，目的是提供一处缓冲地带，以便保安部门能维持香港与内地的边界完整以及打击非法入境及其他跨境罪案。在1962年，港方为化解压力将边境禁区扩大到最大范围，陆地范围约2800公顷，包括了元朗东部和北区北面。在香港研究者的讲述里，边境禁区的村庄从“边城”变成了“围城”。直至2012年，香港开始缩减禁区范围，禁区范围缩减至约400公顷。

# 博物馆

作为中国改革开放的标志性事件，深圳经济特区的设立，相当一部分的催生力量来自深圳河边的逃港者。近年来，民间一直呼吁选址设立一个改革开放博物馆，而深圳河成为一个特殊的候选者。

## 从1957年到1962年，两波逃港高峰接连到来

《香港年报》记载，在解放战争前后，有超过75万名内地居民涌入香港。在研究者关于逃港的时间划分里，这一阶段的终结时间为1952年。

短暂的平静之后，1957年是内地逃港的第一波高峰时期。1957年春天，粤北洪灾，数以万计的农民南下避荒。这年6月8日中共宝安县委向广东省委和惠阳地委呈递的报告，提出“目前国内尚不能完全消灭灾荒和失业”“香港打工这条路就不应该堵死”。20天后，广东省公安厅研究出了“放扒宽”政策，并在6月29日获得了广东省委的批转。这份文件列出了在“沙头角区的梅沙、盐田，福田区的沙嘴、沙头、石下、沙尾，南头区的白石洲、后海、粤海门、湾下、蛇口等地”，群众可以“凭证件到自己认为方便的地方外出”的政策。政策放宽之后立即出现失控迹象，深圳河边短短几天就云集大量人群，于是这份文件很快就被收回。

中共广东省委的《关于经宝安县偷渡香港问题的调查报告》，写于1959年1月。这份目前可供查阅的资料称："1956—1958年三年之内经宝安县偷渡的共有20105人。"关于偷渡的原因，报告写道："宝安县群众与香港有着千丝万缕的社会关系和经济关系，全县有关系的户占80%以上，过去群众有着经常来往香港探亲、会友的习惯。男人长大到香港找职业，女人长大去香港结婚。"另一个原因是："英帝于1956年实行人口平衡制度，无理限制群众进入香港，破坏了群众的传统习惯。"所谓"人口平衡制度"，就是出境和入境人数对等，但在此时，前往香港的内地人数众多，而港方当时又将人数缩减到两位数，这是一个无法匹配的数字。

报告也写道：由于宝安县毗邻港九，受资本主义生活影响较深，港深同胞来往频繁，群众对香港情况缺乏了解，盲目羡慕香港生活。除此之外，报告认为逃港原因还包括"敌人的破坏"以及"政法部门存在右倾思想"。

从1959年开始，刚刚走出"大跃进"的国人进入"三年困难时期"，新一轮逃港潮也从这一年开始，在1962年达到顶峰。

《广东省志·公安志》对当时的记载是，外逃风潮从惠阳、宝安、东莞、海丰四县蔓延至广州、江门、潮汕、肇庆等地，1962年4月底到5月中旬，每天都有数百人从边境偷渡去香港。5月中旬以后，每天外逃人员增至千人。每天集结在定安、深圳一带伺机进入香港的都有四五千人。

1962年5月，美国《生活》杂志摄影师拉里·伯罗斯在深港边界拍摄到的逃港百姓



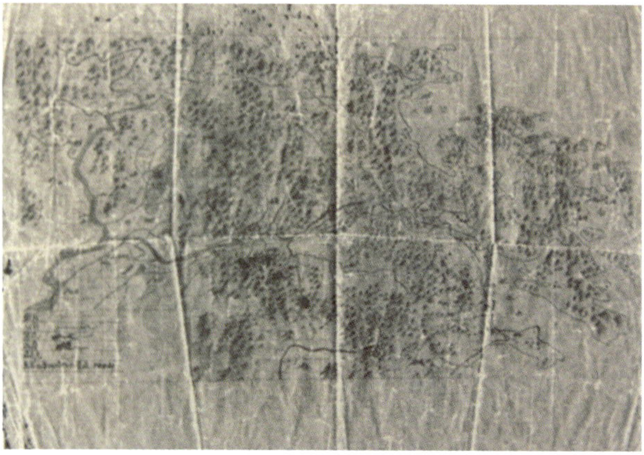

1962年5月，深港边境第二次逃港潮中逃港人员绘制在蜡纸上的逃港路线图

## “偷渡”的《人民日报》记者写了份特区内参

究竟发生了什么？《人民日报》的军事记者连云山1962年5月来到了深圳河边。这位此后报道过雷锋典型的记者，写下了职业生涯中最惊心动魄的内参，第一次提出了设立特区的构想。

带着采访任务，连云山化装成农民，光着脚板，由两位换上便衣的公安人员陪同，跑了一个多月，把100多个边境村走了个遍。2005年，80岁的连云山罕有地接受媒体专访。他说：“当时有人批评宝安县、惠阳地委、广东省政治警惕性不高。这事就我一个人去，很保密。我去前也以为是美蒋勾结地主叛乱，我想去看看他们有多大本事能搞出这么大的叛乱。当时我从大亚湾一直看到蛇口，发现靠近边境的村子里青壮年都不见了，像打仗了一样，就剩下几个老头老太太，还有一两个村干部。”

为了摸清情况，连云山化名李进山，办了个过境耕作证，随着逃港的人群进入九龙。过境耕作证是深圳河边的特有产物。无论是香港还是深圳，深圳河两岸的村子都有数量不等的农田处在对方区域，因此边境上设有耕作口，两地的农民凭耕作证出入，而且香港方面对持有耕作证的农民不管不问。

连云山在采访中说：“我访问了十几家香港百姓，因为我去前还以为香港人民生活在水深火热之中，一看没那回事！他们的生活水平非常高。于是我基本否定了美蒋勾结、政治警惕性不高的说法，广东省委、惠阳地委不能整改，这帽子不能扣，都是好同志。”

连云山的思考不仅限于此，为此一口气写了四篇内参。按照他的回忆：“第一篇写香港的富裕情况；第二篇写大逃港的深层原因是多方面的，我目睹边境人民的贫穷，香港的富裕生活、便宜物价与我们的统购统销政策、大锅饭形成的鲜明对比；第三篇建议划出一个地带，大致是沙头角—大鹏湾—蛇口深圳一线纵深100华里列为特殊区域，给予各种优惠，争取物价与香港大致相等，取消一切购物券，自由买卖；第四篇指出如果不这样，这一带的局面将如何发展，其理由及根据。”

特殊政策区，或者就叫边境特区，就这样出现在连云山的建议里。按照他的想法，这里退回初级社和互助组的水平，单干也行，同时允许自由贸易，免税，废除一切票证，不搞统购统销，以从根本上杜绝再次发生边境逃亡。

写了内参，如何上达？连云山找到老朋友——新华社内参组组长夏公然。内参反响如何？连云山和夏公然都没有底。40多年后的采访里，连云山说夏公然生前曾在一篇回忆文章里提到这事，说这是自己经手的几百篇内参里最惊心动魄的一篇。

让连云山最终放心的，是在半年后听到了当时主政广东的陶铸的表态。夏公然转递的消息称，陶铸有一次在内部讲话里谈到了外逃问题，说《人民日报》有个记者叫连云山，向中央写了内参，他的看法是荒谬的，情况是属实的。连云山说：“我听了以后很高兴，因为这是对我最大的保护——‘荒谬’是认识问题，不是政治问题，陶铸这样说绝不是信口开河，当时他只能这么讲。”



## 最大规模的逃港潮出现在1979年

1966年，“文革”爆发。大批在宝安插队的知青开始选择偷渡香港，以孤注一掷的心态做一把豪赌。偷渡的地点一般选在蛇口，最近的一个下水点在海边公路125公里路标处。最合适的时间为每年农历八月和九月，初三到十八之间。根据海潮涨退规律，当地人总结出谚语：初三十八水顶流。在这段时间下水为顺水，不用太费力就能游到对面。此后，因为经济因素逃港的人流越来越庞大。

1979年是逃港的最高峰。当年8月，广东全省就发现外逃6709人，逃出1814人。由于大批人员外流香港，宝安县丢荒土地20多万亩。逃港者中甚至包括许多基层干部。甚至，有大队干部集体买了一艘船，直接下海驶向香港。巨大的经济差距，是逃港者的动力所在。一份写于1979年12月的汇报材料如此写道：新界边沿一线农民，1966年人均收入1400港元，折人民币448元，1978年增加到13000多港元，折人民币4300多元。附城公社罗芳大队，是全市分配水平较高的生产队，全队27户157人，51个劳动力。1978年每户平均收入3297元，人均513元。对面的较寮村22户，收入差距十倍以上，十万港元户有3户，12户达到七八万港元，5户达到三至五万港元，只有2户在三万港元以下。罗芳与较寮同宗同源，较寮村的由来便是罗芳村村民为方便过河耕地而建成的棚屋。罗芳的人均513元，其实是一个非常高的数字。1978年，广东全省农民人均收入仅77.4元人民币，深圳农民人均收入只有134元人民币。

这份官方汇报材料，还能看到普通人的改变。比如一位名叫林立冬的农民，家在葵冲公社坝光大队楼阁生产队，一家七口，小孩最大才十一岁。材料写道：“多年来，生产队劳动日值都在三角上下，因此，负债1300多元。林于今年五月外逃，在香港当泥水工，初去月薪1200港元，两个月后升至2000元，现在又升至3000元。今年八月份，一次就寄回人民币500元，震动全大队。逃港后半年，欠款1300多元全部还清，现在还筹备盖新房，换掉原住的危房。家里原来养一头母猪，现在老婆嫌辛苦，把母猪卖掉。今年中秋节，其妻张桂芳一次就买十五筒上好月饼回家享受。”

在宝安的诸多公社中，葵涌属于现在所说的欠发达地区。汇报材料中参照的富裕地区代表，是福永公社凤凰大队第十二生产队的治保干部文金太。“全家六口，劳动力四个，1978年一年得集体分配才950元，人平125元，劳平237元。家有单车两部，手表两块，衣车一部，三用录音

公元一九五九年六月九日　星期四

深圳橋頭　隔河相望

許多人被拒來港

港府限制入境第二天三百多人只准四人過境

访港受到香港方面政策限制：深圳桥头，隔河相望，许多人被拒来港

机一部。为修房，向信用社贷款200元，并加上多年私蓄1300多元，花了两年时间才勉强修好。”

凤凰大队位于凤凰山脚下，村里人是文天祥的后裔。2008年，改革开放30周年，《瞭望东方周刊》采访了当年的凤凰大队书记文富祥。1978年，广东省委书记来宝安调研，而文富祥当时正在宝安县委党校培训，于是有这么一场对话——“他问我，怎么外逃那么多人？我说，香港比这边好！……他又问我香港怎么好？我说到香港分配多，还能买到东西！”

为什么会逃港？报告列出的原因是：“客观上，香港工资比较高，物质较丰富，逃港后农民就改变为当工人，而且逃到九龙、香港市区后不被遣返，又易于拿到香港身份证，这样造成不少青年多次外逃，想方设法逃到香港市区。”主观上的因素则是：“在经济建设上，由于林彪、‘四人帮’多年的干扰破坏，至今未能马上跟上去，物质生活和文化生活与香港差距拉大了。在全市看来，收入水平上和香港的差距也是大的。香港的市场商品多，容易买，工业品物美价廉。”

文件中提到的个案，经常出现在经济特区起源的报道中。这个案例是：“沙井公社蚝业大队第八生产队原有四十八户三百一十二人，现剩三户十二人，不重新并队已无法进行生产。”

方苞当过宝安县委书记，也当过深圳市委书记。他在《特区试水初记》一文中就写道，1979年撤县建市初期，不少地方传说5月初要取消边防部队巡逻，允许群众自由进出香港。结果5月6日傍晚，2万多人沿着公路涌向边境线伺机越境。他说，当时港英当局从文锦渡押送回的非法越境者，每天都有四五百人。

## 只有搞好生产，才能制止外逃

1978年7月，抵粤主政3个月的习仲勋来到宝安。在相关陪同人员的回忆中，有两个地方让习仲勋格外关注：一个是福田公社渔农生产队，这里在1975年以前外逃170多人，但是搞了对港小额贸易、挖了鱼塘后，再没有一个人外逃。另一个地方是沙头角镇，1978年上半年还外逃近100人，但下半年开始进行来料加工、对港小额贸易后，不仅没有人外逃，还有几户全家逃港者要回来。

此后，习仲勋经常向地方干部讲起这两个地方：只有搞好生产，才能制止外逃。这年夏天，广东省革委会就向国务院上报了《关于宝安、珠海两县外贸基地和市政规划设想》，其中提出最迟5年内要在宝安、珠海两地建立外贸基地。这，便是经济特区的雏形。

到了1980年，当特区受到非议时，时任广东省委书记的任仲夷表示维护特区的力证就是逃港者的数量变化：“以与香港一街之隔的沙头

医疗设备科技展今天在广州开幕

参加这次交流会的美国厂商有二十多家。他们除展出先进的诊断检验设备、电子外科设备、治疗设备、外科器械以及生物化学药物和试剂等之外，还将在交流会上举行医疗技术专题报告、放映科技电影等。这次交流会受到美国和我国医学界的重视，美国商务部长和美国参议院外交委员会曾先后来电、来信表示祝贺，我国各省、市的医疗卫生部门、医科高等院校及科研单位均派员前来参加交流活动。

## 深圳市妥善安排逃港归来人员

**本报讯** 最近，深圳市有关单位按政策安排了一批外逃香港后自动回来的人员重返工作岗位。他们中有深圳市石油公司〇一号油船船工叶炳根、深圳市水产局司机黄监波和省外贸公司深圳办事处工人马克举、唐小明。

叶炳根等四人是去年先后从深圳边境逃往香港的。他们到了香港后，有的工作无保障，有的不习惯当地生活，有的举目无亲，处境十分困难。在这种情况下，他们分别多次写信或打长途电话给原单位，要求回来工作。他们回到深圳市后，深圳市有关单位按照政策，采取既严肃认真对待又不加歧视的态度，经研究决定并报上级主管部门批准，同意他们的请求，恢复公职，恢复原薪。户籍管理机关也批准他们办理入户手续。他们回到原单位上班后，检查了外逃的错误，同时用亲身经历揭露香港资本主义社会的腐朽本质。

（黄新华）

## 原天主教广州教区 主教邓以明获释

**本报讯** 原天主教广州教区主教邓以明，因反革命罪，于一九五八年二月经广州市人民检察院批准逮捕。在人民政府教育下，邓以明认罪态度尚好，有悔改表现。现经广州市人民检察院批准，给邓以明以宽大处理。邓以明已于昨（九）日上午由广州市公安机关宣布教育释放。

深圳市妥善安排逃港归来人员

角公社为例，全公社当时人口1300多人，新中国成立以来往香港外流的2600多人，等于两个沙头角。前几年，每年外流120多人。从1979年开始，外流大大减少，到了1980年，不仅没有出走的，以前去到香港的人还有些要求回来。”

1980年8月26日，深圳经济特区正式建立。曾有官员回忆称，就在特区条例公布几天后，逃港者骤然减少。“那些藏在梧桐山的树林中、深圳河边的草丛里等待逃港的人，好像一夜之间都消失了。”

虽然有着戏剧性成分，但是逃港者的数字出现了拐点。1980年的数字则是67964人“抵垒”。1980年10月20日，香港总督麦理浩访问广州，就偷渡问题与中方达成共识。10月23日，香港政府宣布取消“抵垒”政策，当日午夜之前抵达者允许成为香港居民，此后一律予以遣返，不再大赦。到了1981年，全年只有7530名非法越境者被香港当局截获，1690人在边界以外的地区被发现。深圳河边的外逃告一段落。

1984年2月3日的《人民日报》第二版，报道了一个深圳河边的典型——渔民村。报道称："党的十一届三中全会以来，这个村因地制宜，走渔工商综合发展道路，经济不断发展，分配水平逐年提高，1972年人均分配达2700元，1983年将达到3000元左右。考虑到有些群众一下子拿不出很多钱，村里就先拿出77万元兴建四房两厅的别墅式楼房35幢，每户一幢，还拿出20多万元搞公共设施，修建下水道，铺水泥路，路旁种大红花树。每户庭院都有小花园和金鱼池。"用事实说话，渔民村由此成为搞好生产的正面典型。

值得一提的是，1987年的"6·20"事件，是最后一次较大规模的逃港事件。由于谣传英方将大赦3天，2万多名偷渡客将此视作最后一个机会。但这也是尾声。从1956年开始，到1987年终止，30年的逃港潮画上了句号。

1997年，香港回归。一个吊诡的现象露出苗头，来自东南亚的偷渡者开始游荡在深圳河边。边防部门了解到的情况是，这些人大多由蛇头组织，听说香港治病免费就想跑过去。这些人一到香港的闹市就拿出刀来佯装闹事，主动等待警察抓捕，因为"进香港监狱先治病，劳动再给报酬"，剩下的就是待上几年，挣上点钱等着被遣返回乡。

# 影像志

20世纪80年代后的香港电影，逃港者是不可或缺的形象，当中有黑社会大佬的发家史，还有省港旗兵的悍匪实录，也有嘲弄取笑“阿灿”“表叔”的滑稽戏。事实上，逃港者一直是香港人口增量的主要来源。尤其是草根阶层，每个家庭或多或少都会与“阿灿”“表叔”有着关系，甚至就是曾经的“灿哥”“灿妹”。

## 成龙把父母的故事搬上了银幕



2015年，一部名为《三城记》的电影上映。虽然由刘青云、汤唯担纲，但这部拍摄耗时十年的电影票房并不理想，口碑也差强人意。

电影的介绍很直接，坦言取材自真实故事，讲述一段父辈的爱情。至于剧情，则是身份复杂的警察房道龙遇上具有传奇色彩的女子陈月荣，两人的爱情故事横越了三个城市：在安徽相爱，在上海分离，彼此仍坚守一个约定——在香港等候重聚。在尾声部分，丈夫在港岛岸边等待妻子的偷渡船靠岸，船只遇上了警察，所有的逃港者都被赶下了海。结局不是悲剧，字幕打出了这样一行字：“诞下13磅巨婴陈港生。”

那个叫陈港生的巨婴，便是电影明星成龙。这个真实故事的主人翁，便是成龙的父母。他们到达香港后，经同乡介绍到了美国驻港领事馆打工。领事升至驻澳大利亚大使后，夫妻一同跟随前往海外，而那个在香港出生的儿子则送去当了京剧学徒。

成龙的父亲房道龙，前半生的经历极具传奇色彩。房道龙祖籍山东，生于安徽，少时习武，做过学徒，成年后参军，当过国民党上将顾祝同的侍卫，通过顾祝同的介绍去了戴笠手下，做了军统特务，后来因为枪支走火被革去军职。有着如此复杂的身份，房道龙在中华人民共和国成立前夕逃亡香港，甚至隐姓埋名，随妻姓改名陈志平。安徽芜湖鸠江区沈巷镇房桥村，房氏家谱中清楚地写着："道龙，生于1915年12月22日丑时，聘尹氏，生子二，长仕德，次仕胜，续配海外，人生年姓名不详，生子一，艺名成龙。"

《三城记》上映的十二年前，导演张婉婷应成龙的邀请拍了部纪录片，叫作《龙的深处——失落的拼图》，英文副标题是"*Jackie Chan & His Lost Family*"。2003年，纪录片作为第53届柏林电影节纪录片单元的开幕片放映，房道龙的前半生便是《三城记》的故事脉络。据说，成龙当年观影时几乎从头哭到尾。对于很多香港家庭来说，扎根香港的开始难以言说，拍成电影都会是小人物在大时代惊险的随波逐流。

相遇之时，道龙是个带着两个男孩的鳏夫，月荣是个带着两个女儿的寡妇。电影《三城记》没有说明离别后的故事，《龙的深处》则给出了四个孩子的镜头。直到20世纪70年代末，房道龙才通过中国大使馆联系到失散几十年的两个儿子。父子相见是1982年的事情了。据说，当时在火车站，父子三人无话可说，只是抱头痛哭。陈月荣的两个女儿，也就是成龙两个同母异父的姐姐，在《龙在深处》中出镜，但之后再未露面。



## "省港旗兵"与"阿灿"的复杂交结

20世纪80年代，麦当雄是活跃的香港电影人。一部《省港旗兵》，更是排在80年代十大港片的第二位。《省港旗兵》的故事，由此引导着香港警匪片的潮流。时至今日，张子强、叶继欢的经历仍是香港电影的偏好。

麦当雄1984年执导的这部电影，取材于真实的“大圈仔”抢劫杀人事件。关于“大圈”的来历，有香港报章称，内地偷渡者套着轮胎浮海入境，故称这些偷渡者为“大圈仔”。另一种说法则指“大圈仔”源自“知青上山下乡”：中国地图中百万人口以上的城市是以三个圆圈相套，而广州便是三个圈所在，广州知青以示地位超然，为此创造出新词，自称“大圈仔”。不过，经过影视作品的影响，“大圈”后来成了“跨境犯罪势力”的代名词。在香港电影史上，《省港旗兵》是一部突破性的作品，它排除了一般犯罪片概念化的毛病，呈现了一个充满欺诈、敌意和危机四伏的世界。最为影迷津津乐道的场面，便是在“三不管”地带九龙城寨里的经典枪战。

麦当雄在1991年还有一部作品，便是被称为香港版《教父》的《跛豪》。电影的原型是香港六七十年代的大毒贩吴锡豪。20世纪60年代偷渡香港后，吴在石硖尾以赌起家，开起字花档。之后改为贩毒，据称卖了超过30吨的毒品。2017年，导演王晶再度重拍，拍了部票房大卖的《追龙》。在电影中，跛豪偷渡成功，原配及孩子却在海中溺亡。

逃港者的到达，确实是香港的不安定因素。不过，麦当雄在1988年作为编剧，和周润发打造了一个经典的恶搞喜剧《公子多情》。阴差阳错的“冒牌经历”，造就不少经典电影，但《公子多情》的主角，却是三个偷渡来港的广州青年，也就是所谓的“省港旗兵”。不过，周润发不用再持枪上街，而是通过专业的形象包装，游走在名媛之间，打入上流社会。当中的经典镜头是，为了吓退狼狗，二人从动物园偷来了老虎屎，混入面粉炸成了榴莲糕。不料周润发贪吃误食，渡河时唯有不断张嘴释放口中的“屎气”。这并非刻意营造的戏剧效果，而是来自真实生活。老虎屎是广州知青陆路偷渡的必备利器。偷渡者临行前往往会到动物园收买饲养员，找一些老虎的粪便，穿越深港边境时一边走一边撒。警犬闻了粪便的气味，以为有虎潜行，出于本能不敢追踪。

和杀气腾腾的“省港旗兵”相比，笑料百出的“阿灿”或许才是香港人心目中的普通逃港者形象。1979 年，电视连续剧《网中人》在香港热播，艺人廖伟雄塑造了一个家喻户晓的人物——阿灿。刚从内地来到香港的程灿，经典场景是一口气吃了三十个汉堡，常说的话则是：“我系阿灿呀！我准备返乡下探阿爸阿妈……”

和“阿灿”齐名的，是后来的“表叔”。在港人编撰的粤语词典里，“表叔”的说法源自“革命样板戏”《红灯记》。李铁梅有句唱词：“我家的表叔数不清，没有大事不登门。”无论是“阿灿”还是“表叔”，其实都在显示香港人心理的优越感。正如上海人排外的“江北佬”称呼一样，“阿灿”和“表叔”是香港人无法割舍的内地穷亲戚，也就是身边最近的嘲笑对象。在罗湖桥头，二十世纪六七十年代回乡的香港人必须满载而归，甚至为了回避海关规定，有人还套上十几条裤子。而在回程，内地的亲友往往会递上一套破衣服，在走上桥头前换下身上的好行头。

进入21世纪，“表叔”“阿灿”成为历史，不再被港人提起。导演麦当雄和演员廖伟雄，后来都选择回到内地发展，廖伟雄更是种植起了“阿灿米”。随着国内经济高速发展，“阿灿”衍变出港人自嘲的“港灿”。北上消费，北上工作，北上定居，香港人好像当年的程灿一样，看到什么都惊奇。

## 内地也拍了部《逃港者》

深圳一位新闻工作者写出了电影剧本《逃港者》。《逃港者》的编

电影《逃港者》海报



剧名叫陈宜浩，当年是《深圳特区报》的记者。故事以一对深圳本地知青的爱情故事为主线：男主角叶涛执意逃港，女主角刘莺因亲情留村。不久，叶涛被鲨鱼咬死的消息传来，一对恋人阴阳两隔。改革开放后，刘莺成了一家五星级酒店的总经理，在考察香港途中遇到了当年和叶涛一起逃港的村民，从而得知叶涛的秘密。为了在香港谋生，叶涛改名娶了一位富商的有智力障碍的女儿，故意传回了身亡的假消息。两人再度相遇，相对无言，感慨万千。

《逃港者》作为深圳原创的电影剧本第一次被搬上银幕，主演者更是大名鼎鼎的周里京以及电视剧《西游记》中的女儿国国王的扮演者朱琳。2010年接受媒体的采访时，编剧陈宜浩表示创作是有感而发：1970年，大学毕业的陈宜浩分配在广东一个东南沿海县城当机关干部，经常被派到农村去搞“基本路线教育运动”。他坦言心里有一串问号：为什么红旗下长大的社会主义新一代，偏偏要冒着生命危险往“资本主义的火坑”里跳?

经济特区建立后不久，陈宜浩来到深圳，发现老百姓不再逃港，而且有些逃港者纷纷回乡办厂。1984年12月，陈宜浩应邀去香港采访，接触到了更多的逃港者。他在采访时说：“过去，我们在心里积累了太多关于香港的负面概念。香港不是天堂也不是地狱，而是一个繁华且充满活力的大都会。”至于创作动机，他也表示：“构思了一个生动的故事，把特区和香港紧密联系在一起，通过特区人的悲欢离合和逃港者的酸甜苦辣，用事实说明改革开放是一条富国富民之路。”

《逃港者》的导演是张良。他的作品《雅马哈鱼档》《少年犯》，都是改革开放后的名剧。为何看中逃港者这一题材？张良曾在一篇文章中写道：“本片不是历史教科书，不能详尽地论述这一历史时间的是非曲直。但是本片反映了深圳经济特区六年来的建设新貌，理直气壮地歌颂了中央开明、开放的新经济政策，使人相信，这便是中国的希望。”

《逃港者》拍摄于1987年，深圳特区此时恰好因土地公开拍卖“第一槌”而处在被质疑的敏感时刻。

通路：通，沟通。路，道路。通路就是实现沟通的道路。

# 四

## 通　路

津，是河边的渡；梁，是河上的桥。古代地方志的编撰大体会有“建制略”，记录着城池、街道、墟市、衙门、学校、牌坊以及津和梁。

旧时的津梁，便是跨越河流的通路，深圳河上也有津与梁。罗湖、皇岗，一直是村庄的名字，也曾是渡口的名字，现在最为人熟知的，则是通关的口岸。

过去，跨越深圳河并不容易。现在的深圳河上，通路众多，公路口岸有文锦渡、皇岗，客运专用口岸有罗湖、福田，向海延伸有深圳湾口岸，溯源而上则有莲塘香围园口岸。

# 广九铁路

深港间的第一条现代化通道，是铁路。

伴随着广九铁路的开通，蒸汽火车让一个乡间的墟市变成了交通重镇，深圳的命运由此改变。

## 现时的深港通路，源于久远的津与梁

现时深圳河边的深港通路，大多源自旧时的津梁。

康熙本和嘉庆本的《新安县志》，记录了诸多渡口的名字。康熙版的县志里，现在的下步码头叫作下步渡，而且是充当客运码头的长河渡，这里的船只可以到达东莞。另一类津渡叫横水渡，功能仅限于摆渡过河，“黄岗渡”“罗湖渡”的名字已经在列。嘉庆年间的深圳河两岸，已是村庄林立，深圳河及其支流上的横水渡日渐增多，比如新添的赤尾渡，便是从北岸的赤尾村通往南岸的马草垄村。更早的明朝万历年间《广东通志》（1602年），也有“麻雀岭渡”“罗湖渡”“下埗渡”“白石渡”“黄岗渡”“横水渡”及“长河渡”等渡口的记载。

至于桥梁，三四十米宽的深圳河干流仍是天堑，两本县志中找不到跨河大桥的痕迹。不过在深圳河的上游，位于“罗坊之右”的吉庆桥在乾隆年间已经出现；罗坊，即现时的罗芳村。现属香港的新田和上水，也留下诸多桥梁的名字。

广九铁路建设中的情形



旧时的津与梁，便是现时深港口岸的前身。中华人民共和国成立之后，深圳河边的两岸农民需要领取一本特殊的过界耕作证，规定的出入路径有以下几条：长岭村的村民通过一条10米长的石桥到莲麻坑村耕作，罗芳村和黄贝岭村的村民通过河边的一个检查哨到打鼓岭，罗湖村民经罗湖桥口前往罗湖、廖堂村和上水等地，而下游的赤尾村有田地在马草垄、落马洲，村民经过检查哨坐船前往。这些耕作通道，对应着深圳河的几个主要通路，比如罗湖，比如皇岗，比如文锦渡，以及最新的莲塘香围园。

## 广九的竞争者，叫作广葡铁路

那时广九铁路的起点站和终点站，现在均已不存。广州的起点站，位于越秀区大沙头白云路，也就是老广州口中的大沙头站。说起广州老火车站，大家通常会想起流花路的广州站。然而流花路火车站的启用时间是1984年，那个更老的大沙头站在第二年即被拆除。

香港的终点站在哪里？是红磡吗？这里也有一段故事。广九铁路通车时，九龙只是一个临时站。位于尖沙咀的永久九龙总站在1911年才开工，并在1916年落成。为了把铁路修到九龙半岛的最南端，香港在尖沙咀进行了大规模填海，建起了终点站，标志性建筑是钟楼。后来，车站移到了红磡，钟楼却被保留下来，成为香港的城市景观。

这些变化，也使得广九铁路变长了一些。最初的广九铁路，长度是178.6公里，而现时的长度则是183公里。

中国的第一条铁路，是开平矿务局在1881年兴建的唐山至胥各庄铁路，长度不足10公里。广九铁路的构想远早于此。1864年，英国铁路工程师斯蒂文生爵士首先提出，兴建一条连接广州至香港的铁路，当时并未获得清政府和香港主要商家支持。20多年后，情况发生了变化。1890年，中方和英方同时再次提出兴建广州至九龙的铁路，英方还计划创办由怡和洋行及香港上海汇丰银行组成的中英银公司。这个时候，列强均将争夺中国铁路作为扩大势力范围的手段，广九铁路那时是英国的囊中之物。

施叔青的《香港三部曲》中，有过关于广九铁路的描述，主角便是主持新界勘测的辅政司骆克。新界还未划入香港的范围，骆克却谋划好了铁路。小说是这样描述的：“想象一下，上校，一条铁路，”骆克手持木棍在地图上比划，“从这里尖沙咀为起点，一直延伸过去，打通这两座山——狮子山，土著给取的名字——然后进入新界、元朗、大

广九铁路“英段”启用：首班列车到达罗湖

埔、上水，越过深圳河，深入内地广州……”骆克说他的下一步计划是英国争取兴建华中、华南铁路网的铺路特权：“……理论上、技术上来说，如果广州到汉口、汉口到北京、北京到沈阳、沈阳经哈尔滨的铁路相继通车了，”骆克兴奋地喊道，“那么，国际旅客可以从九龙——想象一下，上校——从九龙乘火车，经西伯利亚、莫斯科、巴黎而直达伦敦……”

1899年与清政府签订的《展拓香港界址专条》中，英方特意写下“将来中国建造铁路至九龙管辖之界，临时商办”的条款。强租新界之后，英方强迫清政府铁路督办大臣盛宣怀与中英银公司签订了《广九铁路草签合同》。根据这份合同，广九铁路的建造权和管理权都在英国人手中。合同还写明：借款每百镑以九折交付，即英方借款100镑，中方实收90镑。

第二年，收回路权的斗争风起云涌，而英国人陷入了在南非的布尔战争。在成功从美国手中拿回粤汉铁路后，广九铁路成为国人的焦点。为抵制《广九铁路草签合同》，广州商人呼吁兴建一条广州至澳门的铁路，想法很直接，就是实现对广九铁路的替代。

替代之路，很快就付诸行动。葡萄牙驻华公使和清朝铁路大臣盛宣怀，在1904年签约宣布成立中葡铁路公司，而且决定平等筹办铁路。还在观望的英国人，此时不得不做出了让步。1907年正式签约的《广九铁路合同》写明，借100镑实收90镑的草签，提升到了实收94镑，而且借款期限也从50年变成了30年。为了阻止中葡铁路的诞生，英国人特别加了一个条款：“不得另建一路以夺本路利益。”

## 詹天佑指导设计的铁路桥，一直用到2007年

广州大沙头站原址，2017年新开了一个广九铁路纪念园，园中有一

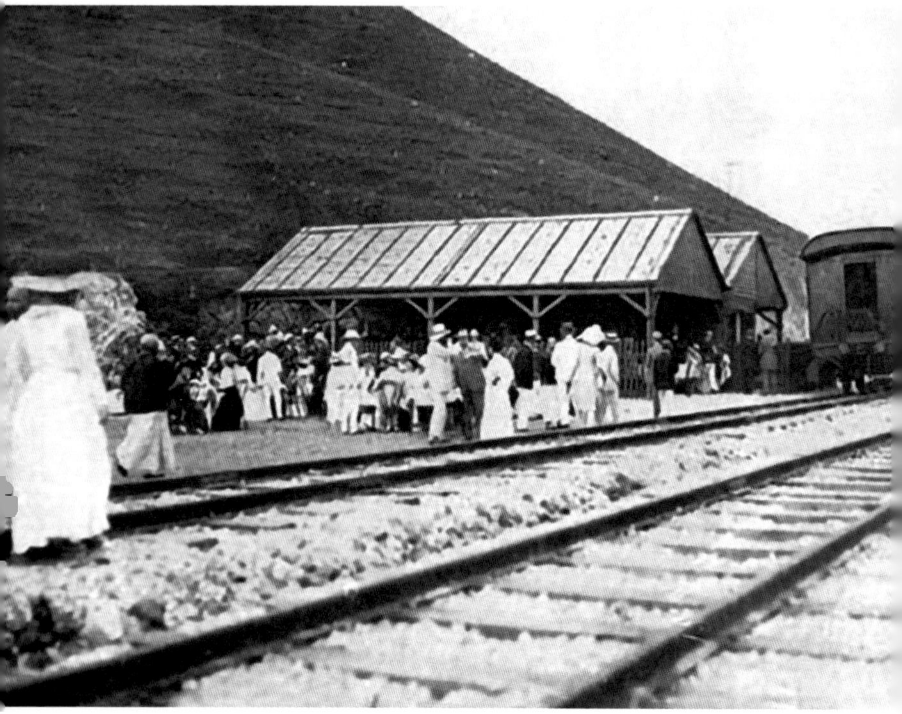

1910年广九铁路“英段”正式启用时，在罗湖站举行庆典

座詹天佑的铜像。这位杰出的中国铁路工程师，在正式表述里只是“顾问”。不过，詹天佑的身份大约等同于铁道部的总工程师，广九铁路留下了他的诸多印记。

广九铁路分为“华段”和“英段”。35.4公里长的“英段”于1906年动工，1910年完成；143.2公里长的“华段”于1907年动工，在1911年完成。1905年，詹天佑开始主持兴建京张铁路——中国自主设计和建设的第一条干线铁路。和200公里长的京张铁路相比，广九铁路稍短一些，建设难度也不尽相同。在文献记载里，京张铁路是“中隔高山峻岭，石工最多，又有7000余尺桥梁，路险工艰为他处所未有”，特别是“居庸关、八达岭，层峦叠嶂，石峭弯多，遍考各省已修之路，以此为最难，即泰西诸书，亦视此等工程至为艰巨”。

广九铁路的建设，同样难在“石工”。“华段”共建起了7座大拱桥，工程量是当时的筑路史之最。其中全长274.8米的石龙铁路桥，便由詹天佑指导设计，直到2007年才停用。“英段”铁路不长，工程却极其庞大，穿越丘陵为主的新界，这段铁路开凿了6个山洞，架设了38条桥梁。其中长度为2.4公里的笔架山隧道，是当时亚洲最长的隧道，整个工期长达3年，而且付出了50多条施工者的生命。20世纪70年代，香港段的广九铁路启动双线及电气化改造，修筑了新的笔架山隧道，这条老隧道改成了煤气输送管道。

1910年，“英段”先行通车，当时共有九龙、红磡、油麻地、沙田、大埔、大埔墟及粉岭7个车站。1911年，“华段”通车，现时的深圳辖区内便出现了深圳、布吉、平湖等车站。在文献记载里，广九铁路的全线贯通时间是1911年8月14日，广东省府官员与香港官员分别乘坐火车抵达罗湖，双方步行至罗湖桥上举行接轨仪式。这年的10月5日，从广州大沙头站至九龙总站的首班列车正式开出，全程历时约5小时。

## 断断续续的直通车，也是一部开放史

行走在广九铁路上的，有广九直通车。直通车的普及，其实是改革开放后的产物。

最初的深港边境，并没有什么检查站，从大沙头到尖沙咀的列车，

1910年广九铁路英段正式启用时，在罗湖站举行庆典



每一趟都可算是直通车。为了满足高端需求，广九线还有直达的“特快”列车。1936年10月14日，“大埔淑女”号列车仅用不到2小时15分钟，便能从九龙总站出发，中途不停站运行至广州大沙头站。这一速度，已和现时的列车大体相仿。除了“大埔淑女”，另一班“特快”列车的名字叫“广州淑女”。根据海关文献的记载，真正意义上的广九直

1927年，深圳及广九铁路远眺

通车，要到1948年方才开通。那个时间段，九龙关在九龙车站设立了税卡。

广九客运的第一次中断，缘于1923年的“省港大罢工”，广九铁路的服务至1927年才恢复正常。第二次中断则是因为日本侵华。1938年，日军在香港以北约24公里处将广九铁路破坏，以中断由香港输往内地的

供应。这年10月，广州沦陷，广九铁路“华段”彻底停运。“英段”的停运时间是3年后。1941年年底，香港沦陷，英方此前已经炸毁铁路设施用以阻敌。

抗战胜利之后，广九线上的列车在1945年8月15日重开。第三次中断，发生在1949年，国民党部队余汉谋部进行了毁路，而广九线上跨境

專爲利便行旅而設祇運送大沙頭石龍深圳三站乘客餘站不停輪無別站票欵收入加以煤斤物料異常昂貴不能不酌加票費以資彌補欲圖便捷請搭快車利其價廉請搭慢車各從其便此佈

廣九鐵路管理局啟

中華民國十四年十二月廿三日

# 廣九鐵路行車時刻表（一）

由十五年四月十日即丙寅年二月廿八日實行

| 站名 | 第五次 直通快車 | 第九次 直通慢車 | 第廿七次 華段客車 |
|---|---|---|---|
| 大沙頭開 | 上午八點正 | 上午九點正 | 下午三點半 |
| 石牌開 | 不停 | | |
| 車陂開 | 不停 | 上午九點二十七分 | 下午四點〇二分 |
| 吉山開 | 不停 | 上午九點五十二分 | 下午四點〇九分 |
| 烏涌開 | 不停 | 上午九點四十三分 | 下午四點十八分 |
| 南崗開 | 不停 | 上午十點〇八分 | 下午四點三十七分 |
| 沙村開 | 不停 | 上午十點十五分 | 下午四頭四十四分 |

《广九铁路行车时刻表》

列车也在广州解放后暂停运行。这一停，便是30年。1950年，周恩来总理曾经提议重开跨境客运，两个阵营的政见之争让努力并无结果。于是，广九铁路上的客运列车互不相通，乘客到达深圳河边，必须下车拖着行李自行走过罗湖桥。正是因为这个特殊场景，“直通车”的概念萌生了。

其实，火车还是能够驶过罗湖桥。1954年12月，广九铁路恢复开行跨境邮运列车，跨境货物列车的开通则是1973年12月。时间到了1979年，改革开放促成了广九直通车的诞生。在双方互表通车意愿后，铁道部向国务院申报了《关于开行广州—九龙直通旅客列车问题的请示》。很快，国务院批准：“积极进行直通客车的筹备工作，力争尽快开行”，邓小平同志随后又加上了直接批示。

1979年3月下旬，时任香港总督的麦理浩访问北京，提出了一个希望：在返回香港时能乘坐首班广九直通车。他的希望得到了满足。4月4日上午8时30，首班直通车从广州开出，列车进入香港境内的罗湖站后，由港方的带道司机指引进入香港路段，后到达香港九龙红磡站，总共用时约3小时。这一天，距离十一届三中全会闭幕仅仅103天。



据统计，由1979年4月到1980年年底，已有25个国家和地区的首脑及外交大臣对中国进行国事访问时，选择了乘坐广九直通车出入境。乘客名单上，包括时任新加坡总理的李光耀，以及美国前总统尼克松、前国务卿基辛格，等等。

广州开往九龙的特快列车，是单数91次列车，开车时间是上午8时30分；由九龙开往广州的则是92次列车，下午1时开车。11天后的4月15日，正值第45届广交会，大多数采购商的第一交通选择便是乘坐广九直通车。直通车一票难求。1980年1月11日，第2对广九直通车开行；1984年7月1日又开行了第3对，1986年增至每天4对，而且春节时再加开班车。到了1997年香港回归时，广九直通车达到了每天6对，最高峰时达

1927年，广九铁路及蔡屋围

到了每天12对。

关于直通车，有着许多有趣的细节。第一批48名直通车列车员，是从广州铁路局3000多名列车员中精挑细选出来的。1984年开行夜晚到达九龙的列车，尖沙咀的乘务员公寓由此诞生。按照规定，乘务员从红磡站出来，就由专车送到公寓，次日早上再乘专车返回红磡站上车，而且平日任何人都不准以任何理由请假外出，也不得在公寓会客和接待亲友。更为耐人寻味的细节是，同样在1984年，为了迎合港澳台旅客较为“西方”的观念，直通车上的乘务员开始化淡妆，穿西服，打领带，穿皮鞋。

## 100多年后，进港高铁从深圳河底穿过

现时的广九直通车，班次悄悄降到了每天9对。变化从2018年9月23日开始，香港迎来了第2条进港铁路，而且是升级后的高铁。那一天，广深港高铁香港段正式通车。跨出26公里的“一小步”，香港融入了全国的高铁网络。

“大埔淑女”号在广九铁路上创下的2小时15分行车纪录，很长一段时间都是中国铁路的速度标志。1983年，广九铁路的香港段率先完成双线兼电气化改造。广九铁路的内地段在中华人民共和国成立后称为广深铁路。1984年，广深铁路也开始了双轨改造，并于1987年完成改造。在中国

铁路大提速的过程中，广深铁路早在1998年就开通了时速160公里的列车，广州至深圳的时间压缩到了90分钟。

而在香港方面，广九铁路的“英段”也改了名称。随着新界西北部天水围、元朗、屯门等地区的市镇发展和人口的激增，香港西部铁路走廊兴建的计划呼之而出。1996年，广九铁路改名九广东铁，2003年建成后的西部铁路则被称为九广西铁。到了2007年，香港决定将香港的地下铁路和九广铁路服务合并，由香港铁路有限公司经营。由此，九广铁路的东铁和西铁，成为港铁众多线路中的两条。

2000年，香港特别行政区政府发布《铁路发展策略2000》，提出兴建高铁香港段。4年后，国家发改委颁布《中长期铁路网规划》，京广深客运专线位列其中。线路分为京广客运专线和广深港客运专线两段，广深港客运专线进一步定位为城际铁路。2005年12月18日，广深港高速铁路广深段开工建设，并在6年后通车运营。香港段只有26公里，直到2010年1月才动工建设，整个建设工期长达8年。

广深港高速铁路全长141公里，广深段北起广州南站，往南经沙湾后折向东至东冲镇，然后向东下穿珠江狮子洋后进入东莞市虎门镇，绕过长安镇东北部至深圳的龙华，随后向南经深圳北站后入地下隧道，穿过福田区皇岗进入香港。香港段的市区段线路途经连翔道、海泓道、大角咀区和深旺道后，经荔枝角交汇处进入金山，隧道线路直穿过金山、大帽山、鸡公岭及米埔等新界中部地区，最后跨越深圳与香港的边界，连接广深段线路。

与100多年的广九铁路建设相比，广深港高铁同样创造了多项历史记录。全长10.8公里的狮子洋隧道，是世界首座高速铁路水下盾构隧道，也是当时中国建成的最长水下隧道和首座铁路水下隧道。位于深圳市中心的福田高铁站，则是亚洲最大的地下火车站。至于穿越深圳河的深港连接隧道，全长3886米，也是深港间首条地下通道。这条隧道，不仅在地底面临大理岩溶洞区的施工危险，同样还需考虑地面米埔湿地自然保护区的环保问题。

2018年9月23日6点44分，G5711次列车从深圳北站开出，满载600多名旅客前往香港西九龙站。这是香港迎来的第一趟高铁。列车以近200公里的时速在地下隧道穿行，只用了19分钟就抵达目的地。《深圳特区报》的报道称：从深圳检票上车到走出香港检票口，所有时间加起来不到30分钟。首班车乘客涂先生说："最直观的感觉就是快，座位还没坐热就到站了。"

广深港高铁香港段开通初期，最高峰每日开行动车组列车127对，其中广州、深圳至香港的列车114对，北京、上海等至香港长途列车13对。开通当日恰逢中秋假期，深圳北站往返香港的高铁几乎"趟趟满"，第一天的出发旅客上万人。当时港铁的预测是，未来每日有10万人乘高铁往返香港，到2020年左右广深港高铁年均客流量将达8000万人次。

# 罗湖桥

广九铁路跨越深圳河，便有了罗湖桥。从地图上直观来看，不难理解铁路设计者的规划选择。位于深圳河与梧桐河交汇处的罗湖桥，恰好处在一个地理突出部。

从香港回到内地，罗湖桥是必经之地，这座桥由此成为国门符号。如果评选深圳的地标，罗湖桥会是无可争议的第一名。

## 罗湖桥始于广九铁路



人们谈起罗湖桥，习惯性都会加上“百年”的前缀。罗湖桥作为地理标志的出现，时间超过了100年。但是具体到每一座桥，“百年”只是一种修饰。从现有的记录来看，在广九铁路上服役时间最长的那座罗湖桥，时间是46年。

罗湖桥的得名，应该源于深圳河边的罗湖村。罗湖村的历史，始于明代洪武年间（1368年—1398年），深圳河在袁氏先人的笔下，也留下了“罗溪”的名称。讲述罗湖桥的历史，有一种说法追溯到永乐年间（1403年—1424年），于是罗湖桥便有了600岁的年纪。然而，这并没有文献的支撑，无论是康熙本还是嘉庆本的《新安县志》，从未有过罗湖桥的记录。研究者推断，深圳河的干流当时并没有桥的踪影。

不过，“罗湖渡”早在明朝便已存在。较为合理的推测是，至少到

20世纪40年代的罗湖桥



清代中期，早期的罗湖桥可能只是农民用几棵树搭起的“树桥”，毕竟北岸的村庄在南岸也有土地，桥可以很简陋，但其存在的必要性是毋庸置疑的。到了清代后期，村民们合资修建了石桥。与此相类似的案例是距离罗湖桥不远的文锦渡，这是深港间第一个公路口岸。文锦渡原本只是深圳河上的乡间渡口，后来才建起一座桥，时间同样只能追溯到清朝晚期。

第一座罗湖桥，是因为广九铁路而诞生的铁路桥。那是一座三孔铁桥，看上去却是一座“木桥”，因为桥面全是厚木头。广九铁路分为两段，各自施工，分界线便是罗湖桥的中孔第二节。詹天佑是广九铁路的顾问，因此罗湖桥也被视为他的作品。1911年8月，广九铁路在罗湖桥上

百年罗湖铁路桥整体拆除



接轨联通。第一座罗湖桥命运坎坷，使用30多年便被拆毁两次。第一次拆桥的是英军，为的是防止日军南下；第二次拆桥的是日军，属于撤退时的报复。

第二座罗湖桥，建于1957年，过去的“木桥”变成了铁桥。这座罗湖桥，便是人们常说的那座“百年罗湖桥”。最初，桥长32米，宽12米。根据文献记载，罗湖桥在1959年进行了改建，把桥面拓宽了一倍多。1962年，罗湖桥又加盖了铁皮篷顶，在铁桥两侧增设了铁栏杆，并铺上了人行道。这座铁桥，一直使用到2003年。

第三座罗湖桥，出现在1981年，是一座人行桥。此前，火车和过境旅客共用铁路桥，但改革开放后井喷的客流，使得罗湖桥必须扩容。

1981年启用的人行桥，很快便在4年后升级。在铁路桥东侧200米，现代化的罗湖口岸联检大楼于1986年启用，人行桥变成了出入境分离的双层桥。在2002年，人行桥改造成了不畏风雨的密封桥。可以说，罗湖桥不是一座桥，而是并行的两座桥，即铁路桥和人行桥。

时为中建三局二公司罗湖联检大楼工程队队长的唐龙根，2010年接受《深圳特区报》采访时如此回忆：老的罗湖桥，就是一座铁路桥，中间是铁路，通过的火车运的多是生活物资；铁路两边就是人行道，香港和深圳的居民每天在人行道上来来往往；桥的两头站着中国和英国的军人，香港那边站岗的都是来自尼泊尔的英国雇佣军，头上包着白色的头巾，很显眼。

第四座罗湖桥，出现在2004年6月，也就是当下过境旅客可以看到的那座罗湖铁路桥。深圳河由于河道狭窄曲折，排洪能力仅有2到5年一遇。特别是罗湖铁路桥所在河段，1957年的老桥桥墩跨度较窄，成了深圳河的“瓶颈”。2003年9月28日，施工人员仅用15分钟就将老桥整体平移16米，两个星期后老桥被移至香港一侧的梧桐河畔，作为文物永久安置。从罗湖口岸的人行桥上，看不到老桥的真容，但新桥外形结构与旧桥完全一致，唯一的变化就是桥的跨度增加了8米，可将深圳河的防洪标准提高到50年一遇。



## 走过罗湖桥就走进祖国怀抱

在老照片中，粗木搭成的罗湖桥，以一条红色油漆为界，中华人民共和国成立后还用“铁马”隔开，两头分别由中英军警把关。不起眼的小桥，却是无法割舍的家国情缘，因为走过了罗湖桥，就走进了祖国的怀抱。

动人的片段很多，当中便有国学大师季羡林的文字。1946年，35岁

罗湖铁路老桥



的季羡林经罗湖桥留学归国。他在日后的《深圳掠影》中写道："让我忆念难忘的只有一个罗湖桥。因为从国外归来，过了罗湖桥，就算是走进了祖国的怀抱。我曾几次在这里激动得流下眼泪，恨不得跪在地上吻一下祖国的土地。"在《留德十年》的"楔子"中，他再次留下了这段文字："我心里猛然一震动，泪水立刻夺眶而出：我最可爱的祖国，我又踏上你的土地了，又走到你的怀抱里来了。我很想俯下身去，吻一吻祖国的土地；但我终于控制住了自己，仍然走上前去。"

罗湖铁路老桥



1950年，罗湖获批成为对外开放口岸。从那时起，罗湖桥就成了新中国的“南大门”，也成为海外游子归国的第一站。

在《大公报》的报道里，有着钱学森的镜头：那是1955年10月8日，钱学森一手领着6岁的儿子，一手提着一把吉他，走上了罗湖桥头。和钱学森一家从美国归来的，是一支30人的队伍。为了迎接钱学森的归来，国内组织专人迎接，后为中科院力学研究所研究员的朱兆祥便是当年的罗湖桥头迎接者。他在50年后回忆说：“正当我们拿着照片紧

20世纪90年代的罗湖桥



张地搜索钱先生一家之时，我的手突然被队伍中的一位先行者抓住，使劲地握着。我猛转身，发现对方眼眶里噙着的眼泪突然掉了下来。”握手者并不是钱学森，而是30人中的一位。朱兆祥发现，回来的每个人眼中，都噙着眼泪。

走过罗湖桥的科学家，可以列出一长串的名单，比如邓稼先，比如李四光，比如华罗庚。钱学森回国的一年后，另一位中国近代力学的奠基人郭永怀也踏上了罗湖桥。在美国，郭以不问政治而著称。胡适为此感慨说：连郭永怀这样的人都要回国，可见人心所向。从这张名单可以看出，罗湖桥也算是中国“两弹一星”的幕后功臣。

走过罗湖桥的，还有出生于香港的中国运动员。比如中国第一个乒乓球男单冠军容国团，便在1957年11月1日走过了罗湖桥。他的日记写道：“这是我走向新生活的第一天。当我踏入广州体育学院所在地时，早已相识的乒乓球运动员纷纷向我握手问好，表示热烈的欢迎。这时候，我心里充满了幸福感。很久以前，我就想成为他们当中的一个，现在终于如愿以偿。”

和容国团相比，戚烈云的经历更为惊险。1934年在香港出生的戚烈云是泳坛奇才，16岁就成为香港“蛙王”。1954年，他入选香港代表队参加亚运会。香港泳协称，参加亚运会有一个前提条件，那就是必须向英女王宣誓效忠。而这，有违戚烈云的本心。他在日后的回忆中称：“抗战时期，目睹中国饱受日寇欺凌，我深深感到中国一定要强大起来。”

“当时，新华社驻香港有一位记者，是一位老同志，他经常同我聊天，向我介绍祖国内地的建设成就，教育我要为国争光。教我练游泳的启蒙教练黄焯荣也已先我回到祖国，他也给我写信说：‘广东的体育设施非常好，绿水青山，标准的游泳池，花样多得叫不出名字的体操器械，你在这儿可以为所欲为，畅游个痛快，尽显你的英雄本色……’我最终下决心回到祖国怀抱，离不开他们的帮助。”40多年后，戚烈云在接受采访时透露，自己一连7次向港英当局提出回国申请均遭拒绝，同时还收到匿名恐吓信，信里写道：“识时务者为俊杰，你喝这块土地的乳水长大，女王对你有万乘之恩，如果你忘本，你就等着收尸吧。”

戚烈云做出了选择。1954年4月初的一天清早，他独自收拾好行装，悄悄一人奔向火车站，准备搭车去深圳。刚走进车站，就远远瞧见香港泳协的几个官员在那里东张西望。知道走漏了消息，戚烈云连忙转身拐进旁边一间厕所，从另一道门折转回去。在香港泳协再度上门诱逼后，他拨通了新华社香港分社的电话。4月8日的早晨，戚烈云身着牛仔裤、花衬衫，肩上挎着一个画夹子，腰间系一个水壶，手里拎着一袋画笔，俨然是到野外写生的画家模样，搭上了一辆事先安排好的出租车。香港“蛙王”便以画家的形象，成功走过了罗湖桥。后来，他为中国体育带来了第一个游泳世界纪录：1957年5月1日，戚烈云以1分11秒6的成绩，创造了100米蛙泳的新世界纪录。



## 守桥者倒在定时炸弹的巨响中

有人回到祖国，有人选择离去。作家张爱玲最后一次踏上罗湖桥，是1952年。那时，她以大学复学的理由申请去香港，获得批准后立即动身。张爱玲写了一篇名叫《浮花浪蕊》的小说，主人公洛贞回忆称："罗湖的桥也有屋顶，粗糙的木墙板上，隔一截路挖出一只小窗洞，开在一人高之上，使人看不见外面……她拎着两只笨重的皮箱，一步一磕一碰，心慌意乱中也像是踩着一硬一软。"

文艺评论家称，洛贞走过罗湖桥的心情，大约也是张爱玲走出内地时的心情。那个时候，虽然上海的文化官员欢迎张爱玲进行创作，但是"文化汉奸"已是摘不掉的帽子。再往后，张爱玲远渡加拿大，客死他乡。关于这段经历，文艺评论界演绎出一个未经证实的说法：出境罗湖桥，张爱玲用的是一个笔名。民兵还是认出了，她就是写小说的张爱玲。问她是不是，她也只能答是，但民兵也并没有为难她。

这显然是一个经不起推敲的文艺范儿谈资。1952年的罗湖桥，守桥的是边检军人，根本不可能是民兵。1950年7月，"广东省公安厅边防局深圳检查站"正式成立，在罗湖桥头执勤的是边检官兵。在张爱玲走过罗湖桥的那年2月，检查站划入军队系统，单位名称也在5个月后改为"中华人民共和国深圳边防检查站"。

2017年的2月，深圳第一代边检官兵的子女举行了一场发小聚会，在罗湖桥头追寻父辈的足迹。在这场聚会上，《深圳商报》记者遇到了陈治文烈士的两位女儿。1962年8月29日，特务的定时炸弹在罗湖桥头爆炸，执勤中的陈治文倒在血泊中。

对于姐妹俩来说，关于父亲的记忆其实并不清晰，只能停留在仅有的几张照片上。"父亲当年只有29岁，而我们一个3岁大，一个4岁大。"妹妹陈粤平说，父亲是湖南人，1951年入伍，一直工作在罗湖桥头。父亲牺牲后，就埋骨在罗湖桥边的小山上，位置就是现在的罗湖口岸联检大楼。一直守寡的母亲2016年去世。姐姐陈粤湘记得最清楚的，是母亲对于父亲牺牲那天的回忆："那天你爸爸很反常，出了家门，还

1962年罗湖桥头爆炸现场



特意转回来抱着你，亲了几口。”

罗湖桥头的爆炸，出席聚会的老边检员孙桂秋是亲历者。时年80岁的她，至今难忘组长牺牲的那一刻：“我离他只有一米多远，炸弹响起时，我什么都听不到了。”1962年的中国，处在困难时刻。饥荒的阴影仍在，外债的压力巨大，海峡对岸叫嚣着反攻，罗湖桥头成了斗争激烈的第一线。为此，深圳边检站成立了由5个人组成的反行动破坏小组，专门负责在室外进行检测。“爆炸发生在上午8时30分，这是特务算计好的时间。” 孙桂秋老人回忆说，开闸时间是8点，8点30分是第一批旅客大件行李运达的时间，组员们依次检查行李，陈治文刚好接过了那个上锁的箱子。箱子的主人是一个被美蒋特务挑中的无业游民，因为贪图带工费，也成为那场爆炸中的冤魂。

“当时不觉得怕，只感到恨，恨的是敌人如此残忍。”老人回忆说，手工进行危险品检测，目的就是不让炸弹混进检查棚，而工具就是自制的铜管。“在这次爆炸前，我们已经遇到一次炸弹袭击。当时大家发现了一件无人认领的行李，3次引爆都没成功，拆开后发现定时炸弹的引信坏了。” 老人说：“那个时候，大家都不在乎生死。”深圳海关的关史资料中，这一时间段也多次提到在邮件中发现炸弹。

当年，深圳边检飞出了3只“边防之鹰”，他们都曾进京出席全国英模代表大会，受到过毛主席、周总理以及老帅们的接见。已经离世的李梓惠，是当中的“边防老鹰”。在新中国的反特历史上，李梓惠第一个发现了“密写”药粉。在深圳边检站站史馆陈列板上的照片中可以看到，李梓惠是从特务随身携带的棉被里，发现了蛛丝马迹。1963年2月20日，新华社记者古凡刊发了题为《边防之鹰——深圳桥头纪事》的通讯，提到了李梓惠和另一位“边防之鹰”陈惠芳。李梓惠在报道中说：他们的任务尽是进行爆破、暗杀、放毒、纵火、刺探情报等见不得天日的事。因此，即使是久经训练的老牌特务，也绝不能完全摆脱“作贼心虚”的窘境，总是可以找出他的漏洞来。

2017年的聚会，1953年和深圳结缘的陈惠芳对记者说，自己当年负责情报工作，任务就是抓特务。陈惠芳老人说：“算一算，前后有好几十个。”新华社通讯里并未露面的孙桂秋，当时还没有成为“边防之鹰”。因为年纪最小，她在此后被称为“边防雏鹰”。老人说，印象最深的场景除了年轻时的通宵执勤，说来说去还是抓特务。1957年驻守深圳以来，栽在她手下的特务，有台湾派出的潜伏电台台长，还有美军派出的老牌特务。

## “开门”的故事早于1978年

1978年的年度风云人物，《时代》周刊选择了邓小平。这本美国杂志这样写道：“一个崭新中国的梦想者——邓小平向世界打开了‘中央之国’的大门。这是人类历史上气势恢宏、绝无仅有的一个壮举！”“开门”的物理支点，无疑是深圳，更为具体的地点无疑是罗湖桥。

第一个走过罗湖桥的港商叫刘天就。他是香港妙丽集团董事长，也是《天天日报》的社长。当年的深圳没有出租车，刘天就过桥后，花了两块钱，坐在一辆自行车的后座上，找到了深圳市政府的临时办公室。据说当时深圳还没有宾馆，刘天就在一间办公室的桌子上对付了一晚上。后面便是为人熟知的故事，刘天就投资建设了深圳第一家外资兴建的竹园宾馆，而且破天荒地引进了“炒鱿鱼”概念。此外，刘天就还是中国第一个商品房小区——东湖丽苑的港方开发商，让深圳的建设者第一次见识到“楼花”的魅力。



“开门”的故事很精彩。1979年9月，百事可乐驻香港业务主管李文富给深圳市政府写了一封信，表示愿意在深圳投资建厂。李文富此举，被叫作“用自行车把世界500强驮过罗湖桥”。一种解释是：香港的汽车还不能开进内地，李文富就把百事可乐的样品放在自行车后架上，骑过罗湖桥来谈判。这也是一个演绎过的版本：李文富的经历其实和刘天就一样，走过罗湖桥，便坐着“单车的士”开始四处联络。1981年，百事可乐和深圳正式签约，合作建起了深圳市饮乐汽水厂。4年后，老布什以美国副总统身份访问深圳，在生产线上做了回广告，说深圳的百事可乐比美国的好喝。

桥上的人越来越多，郭台铭的身影于1987年出现在罗湖桥上。那年，台湾开放台胞赴大陆探亲，郭台铭便是探亲队伍中的一员。在入境第一站的深圳，郭台铭看到热火朝天的开发场面，与台湾70年代经济起飞的情况极为相似。第二年的10月，郭台铭在宝安西乡崩山脚下成立富士康海洋精密电脑插件厂，这是富士康在祖国大陆成立的第一个生产基地。据说，这个大个子台湾老板对全厂150名员工演讲，宣布要建成“世界最大的工厂”，而员工就在下面偷偷地笑：这老板真能吹。

和1978年的“经济开门”相比，罗湖桥1971年也参与了更加戏剧性的“外交开门”。这年4月，中国体育代表团参加了日本名古屋世乒赛，美国队的三号单打柯恩鬼使神差地“上错车”，而善意的中国选手庄则栋不仅和颜相待，还送上了礼物——杭州织锦。当大巴在体育馆门前停下，记者拍下了两人并肩而立的照片。美国副领队找到中国队驻地，开门见山就问：“你们中国邀请我们南边的墨西哥队去访问，也邀请我们北边的加拿大队，能不能也向我们美国队发出邀请呢？”事情很快就惊动了毛主席，而美国球员立即收到了邀请。得知消息的美国总统尼克松表示：“我从未料到对华的主动行动，会以乒乓球队访问的形式求得实现。”

被周恩来总理称为“小球推动大球”的中美建交，起点便是美国乒乓球代表团访问北京。1971年4月10日，这支美国乒乓球代表队用了18分钟，走过了罗湖桥。4天后的人民大会堂里，周恩来总理对他们说：“你们这次应邀来访，打开了两国人民友好往来的大门。”在回答随行的美国记者就中美关系的提问时，总理说：“现在，打开了。”随后又加重语气重复了一遍：“现在，门打开了！”3个月后，基辛格访华。第2年的2月，尼克松总统飞抵北京。



## 越来越多的桥跨越深圳河

深圳河上的第一条通路，是广九铁路的交汇点——罗湖桥；第二条

1938年文锦渡税关分卡

从香港新界北眺文锦渡桥，摄于1935—1941年间

通路，便是省港公路的交汇点——文锦渡。罗湖是深圳河上的第一个旅检口岸，而文锦渡则是深圳河上的第一个陆路货运口岸。

文锦渡口岸的桥，是深圳河上的第二座桥。从深圳海关的关史记载来看，文锦渡的公路桥至少在1938年便已存在。这年3月31日，省港公路通车，深圳海关的前身九龙关在边境路口设立文锦渡分卡。资料显示，1946年的文锦渡，每天往返深港的汽车多达一百多辆。

对于香港市民而言，文锦渡是最重要的生活补给线。作为深港间的贸易口岸，香港的鲜活商品均从文锦渡入口，然后变成街市上的蔬菜与肉禽。除此之外，文锦渡更拥有一个香港人必不可缺的木湖抽水站。东江水输入深圳水库，然后经过输水管进入木湖抽水站，然后再分别输往大榄涌水塘、船湾淡水湖及城门水塘，进入滤水厂。

中华人民共和国成立之后，汽车不再允许通行两地，鲜活商品都是用人力板车拖过桥。1976年5月，文锦渡建成了第一座钢筋混凝土的公路桥。到了1978年，经国务院批准，文锦渡口岸成为中国最早对外开放的公路口岸。3年后，这里增辟为客运口岸，小汽车可以往来深港。

在皇岗口岸启用之前，文锦渡便是中国最大的货运口岸。改革开放之后，深港间商讨最多的便是增加通道。1982年4月，双方签署《深圳—香港关于增辟两地之间通道的协议》。根据这份协议，深港将增辟过境通道，兴建皇岗落马洲大桥、文锦渡新桥和沙头角桥。1985年2月，文锦渡口岸新建一座公路桥，实行出入境车辆分桥行驶。20年后，作为深圳河治理三期工程的重要部分，文锦渡口岸升级改造，深圳河上的桥变成一座出入境双向桥。

1986年5月，皇岗口岸破土动工，并在1989年12月28日正式开通。从此，皇岗口岸成为亚洲最大的陆运口岸。在广深高速开通之前，出境的货车在市区的皇岗路上大排长龙。这一状况，直接促成了广深高速的诞生。广深高速1996年通车后，香港货柜车开始淡出深圳市区。谈起京港

1976年的文锦渡

皇岗口岸大桥

福田口岸联检大楼

澳高速，皇岗是其中的一个终点，但是说起107国道，很多人都不会想到，公路的终点其实是文锦渡。皇岗取代文锦渡成为最大的陆运口岸，深港间的公路联系也在不经意间实现了高速升级。

跨越深圳河入海口的深圳湾大桥，是深港间的第四条通道。第三条通道，则在深港边界最东端的沙头角。深圳湾大桥于2003年8月动工，2006年1月合龙，通车时间则选在香港回归十周年的特殊节点。大桥北起深圳市深圳湾口岸，上跨伶仃洋深圳湾，南至香港特别行政区10号干线公路，是中国公路干线网中唯一与香港连接的高速公路大桥。需要说明的是，深圳湾口岸是首次采用“一地两检”作业模式的内地口岸。

比深圳湾口岸稍迟一个半月开通的福田口岸，则是第五条深港陆路通道，而且是一个纯旅检通道。日益密切的深港往来，让罗湖口岸早已不堪重负。为化解罗湖口岸的压力，皇岗口岸在开通第二年便设立旅检通道，并且推出了24小时通关，但这还不足以满足深港间的客运需求。于是，在皇岗口岸开辟一个地铁客运口岸，便提上了日程。深圳这头，是地铁4号线的终点站；香港那头，是香港九广铁路落马洲管制站；一条跨越深圳河的人行通道桥，与皇岗落马洲大桥平行，这也应该算是深圳河上目前最年轻的桥。福田口岸的开通，是对罗湖口岸的成功分流。此前，罗湖口岸一直是世界上最大的客运口岸，每年过关的旅客过亿，在福田口岸承担了每年7000万的客流后，罗湖将最大客运口岸的头衔送给了珠海的拱北口岸。

穿越深圳河底的广深港高铁，是第六条深港间的陆路通道。至于第七条深港陆路通道，按计划在2020年下半年开通，这便是在沙头角和文锦渡之间的莲塘香园围口岸。深圳河上，一座新桥即将启用。

福田口岸远眺

# 九龙关

1997年7月1日，香港回归。这一天，中国最大的海关正式更名。在使用了110年之后，“九龙关”正式成为历史，取而代之的是“深圳海关”。

按照惯例，海关的取名会和总关所在地保持一致。九龙关却是一个特例。中华人民共和国成立前的九龙关，总关所在地一直在香港岛；中华人民共和国成立后的九龙关，人民海关为了不忘国耻，特意保留原名。

## “洋药”与“洋关”逼出了九龙关



收复台湾，清朝开放海禁，有限度地允许开海。1685年，清政府设立了粤海关、闽海关、浙海关、江海关四大海关，这便是清朝监管对外贸易的机构以“海关”命名的开始。

九龙关的问世，与两个关键词息息相关。

第一个词，叫“洋药”。

1842年，英国割走香港岛，随后又在第二次鸦片战争中割走九龙半岛南端。1958年，清政府被迫同意鸦片贸易合法化，以“洋药”的雅称准许征税进口。然而鸦片贩子早已不把清朝法律放在眼里，港九地区成为鸦片走私的集散地。为了避免税收流失，两广总督瑞麟1866年决定开

1897年竖立于香港马湾九龙汲水门关厂的碑石



放东莞、顺德、香山和开平四处口岸，允许民船载运的鸦片缴纳厘金后销往内地。然而此举并未奏效，广东省厘金局在1868年设立了6个厘卡，专责征收鸦片厘金和查缉走私。6个厘卡，2个设在澳门边界，4个位于新安县界。到了1871年，粤海关在香港四周的汲水门、长洲、佛头洲和九龙城4处设立关卡，开始征收常关关税。这便是九龙关的前身。

在中国领土领海设立海关关卡，本是内政，但是港英政府认为这是封锁香港，有损自由港地位，双方为此争吵了快20年。至于“洋药”，直到1917年方才全面禁止。算一算，九龙关为“洋药”服务了整整30年。

粤海关叫常关，九龙关却叫洋关。称呼的变化，便是第二个关键词——“洋关”。

鸦片战争之后，清政府被迫签订《海关税则》，丧失了关税自主权。从广州十三行起家的香山商人吴健彰，1847年以白银50万两，捐得苏松太兵备道记名按察使兼江海关监督的肥职。第二年，这位能人获得实授苏松太道（即上海道）兼江海关监督。1853年秋，小刀会占领上海县城，江海关形同虚设。1854年，吴健彰与英、美、法三国领事达成《江海关组织协定》，组成“江海关关税管理委员会”，“海关引用外人负责办税务”的洋关制度开始出现。1859年5月，南洋通商大臣何桂清任命李泰国为中国海关第一任总税务司，设总税务司署于上海。1863年11月，大名鼎鼎的赫德继任总税务司。1876年，《中英烟台条约》签署，规定实行“洋药”税厘并征，洋关得以获取常关和厘金局的征税权力。双方的后续谈判，一直谈到了1885年，约定从1887年2月起，将鸦片税厘征收工作

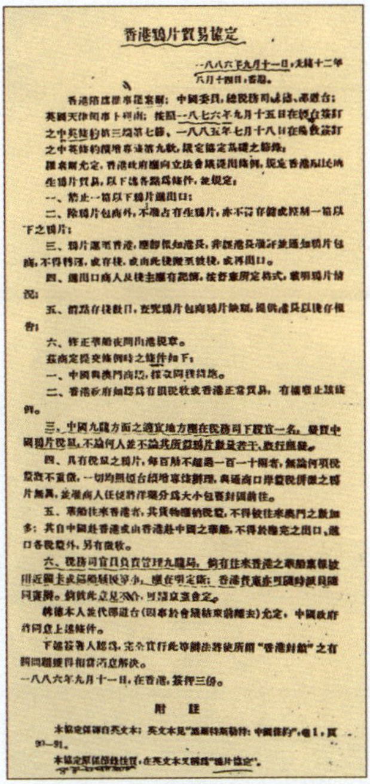
香港鴉片貿易協定

一八八六年九月十一日，光緒十二年八月十四日，香港。

香港殖民地布政司[illegible]：中國委員，總稅務司[illegible]、[illegible]；英國天津領事[illegible]：按照一八七六年九月十五日在煙台簽訂之中英條約第三端第七節、一八八五年七月十八日在倫敦簽訂之中英條約續增專條第九款，規定協定為鍵之條款：

[illegible]，香港政府應向立法會議提出條例，規定香港[illegible]生鴉片貿易，以下述各點為條件，並規定：

一、禁止一箱以下鴉片進出口；

二、除鴉片包商外，不准占有生鴉片，亦不許存儲或控制一箱以下之鴉片；

三、鴉片運至香港，應即報知港長，非經港長准許並通知鴉片包商，不得轉運，或存棧，或由此棧搬至彼棧，或再出口。

四、進出口商人及棧主應有記錄，按照[illegible]所定格式，載明鴉片情況；

五、鴉片存棧數目，查究鴉片包商鴉片缺額，提供[illegible]以便存報告；

六、修正[illegible]港稅章。

茲商定提交條例時之條件如下：

一、中國與澳門商定，採取同樣措施。

二、香港政府如認為有損稅收或香港正常貿易，有權廢止該條例。

三、中國九龍方面之適宜地方應在稅務司下設官一名，發賣中國鴉片稅單，不論何人並不論其所需鴉片數目若干，概行照發。

四、凡有稅單之鴉片，每百斤不超過一百一十兩者，無論何項稅釐概不重徵，一切均照煙台條約續增專條辦理，與通商口岸發稅俱徵之鴉片無異，並准商人任便將洋藥分為大小包裝封固前往。

五、[illegible]往來香港者，其貨物應納稅釐，不得較往來澳門之數加多；其自中國赴香港或由香港赴中國之[illegible]，不得於[illegible]之出口、進口各稅釐外，另有徵收。

六、稅務司官員負責管理九龍局，倘有往來香港之[illegible][illegible]近[illegible][illegible]稅[illegible]，[illegible]定[illegible]：香港[illegible][illegible]。[illegible]。

赫德本人並代邵道台（因事於會議結束前離去）允定，中國政府將同意上述條件。

下述簽署人認為，完全實行此等辦法將使所謂“香港封鎖”之有關問題獲得相當滿意解決。

一八八六年九月十一日，在香港，簽押三份。

附註

本協定係譯自英文本；英文本見“[illegible]：中國條約”，卷1，頁90—91。

本協定[illegible]，在英文本[illegible]“鴉片協定”。

《香港鸦片贸易协定》

九龙关建关初期的关勇

移交总税务司下属的海关（洋关）。

1886年，清政府任命总税务司赫德和江海关道台邵友濂为中方代表，前往香港与英方代表会商，签订《管理香港洋药事宜章程》。1887年2月9日，九龙关正式成立，首任税务司是英国人马根。

## 九龙关的总关一直在香港

按照惯例，海关的总关所在地应该设在辖区之内。九龙关却是一个特例，从设立那天起，总关的办公室一直设在香港岛。

中国海关总税务司赫德，在中间扮演了一个重要角色。将九龙关的总关设在香港岛，港英政府最初并不接受，认为这有损主权。但是赫德在谈判中亮出了几条理由：一是九龙关辖区环绕香港，汲水门、长洲、佛头洲、九龙城四个关厂位置偏僻，各个支关之间往来不便，而香港岛才是交通线的交汇点；二是香港周边治安不佳，如将海关设在内地，香港商人携带银两前去交税，存在极大的安全隐患；三是海关还需自建房屋，雇用看银师鉴别税银成色，最终还得运回银行存放，存在极大困难。

借助英国人的身份，赫德和英国银行家们交往甚密。银行揽储不易，赫德利用这点说动了汇丰银行经理华而特（Walter）。存放海关税款有利可图，华而特开始向港英方面主动游说，终于使英方默许九龙关的总关设在香港境内。作为一个交换条件，九龙关的税务司一直由英国人出任，直到中华人民共和国成立。

九龙关总关的办公场所，根据记载共有3次搬迁。1887年3月，马根出任首任税务司，九龙关总关的办公地址位于香港维多利亚城内皇后大道中银行大厦的2楼，机构包括总务课、秘书课、财务课、监察长办公室、海务税务司办公室等。

第一次搬迁发生在光绪年间。1907年，总关迁至渣打路约克大厦。

第二次搬迁发生在民国年间。1936年，总关办公室又迁回皇后大道中，地址是公主行5楼。这中间还有一段波折：1942年，日军攻占香港，九龙关被伪粤海关撤销，名称改为“粤海关驻香港连（联）络事务所”。

第三次搬迁发生在中华人民共和国成立后，九龙关护产起义后，总部正式迁回深圳。

## 深圳河关厂出现在1900年

1898年，《展拓香港界址专条》签订，九龙关面临关卡北移。不过，双方约定九龙关总关和鸦片验征工作仍然保留于香港。

第二年的3月，深港边界的具体走向确定，两广总督谭钟麟通知九龙关另建关厂，海上关厂的地址是东和（即沙头角）、伶仃、大铲、沙鱼涌、泥汙（即三门）等处，陆上关厂则从赤湾起，沿深圳湾、深圳河、大鹏湾一直到大鹏角。在9个陆上关厂中，车公庙关厂面向深圳湾，龙津圩关厂则在深圳河边。从地图上来看，龙津圩的位置便是现在的皇岗口岸一带。



两广总督和粤海关还发出联合通知，九龙关自1899年10月5日起，改称“九龙新关”。新设的关厂，都竖起了“九龙新关”的界碑。新关的称呼，一直使用到了1931年。这年，国民政府下令裁撤厘金税捐，九龙新关又变回了“九龙关”。

边境后移，深圳墟的位置越发重要，大批土洋货物自由进出。于是，九龙关在1900年3月建立深圳河关厂，专门负责深圳地区的税收和缉私工作。从地图上来判断，深圳河关厂的位置便在罗湖桥下游不远处。1901年的资料显示，当年九龙关共设有6处税收关厂，其中深圳河关厂负

1900年的深圳河税收关厂

1900年3月，九龙海关深圳河税收关厂开关典礼

责深圳与香港、澳门间进出货物的征税，员工则有28人。在12处缉私关厂中，员工21人的沙头关厂负责巡逻东成堂、皇岗等深圳湾沿岸，员工25人的龙津圩关厂负责巡逻皇岗、深圳等沿边地带，而员工25人的罗坊关厂则负责深圳河关卡至莲麻坑的巡逻。

1911年10月，广九铁路全线通车。根据《九龙铁路工作协定》，九龙关首次在香港境内设卡，地点是尖沙咀的终点站。与此同时，深圳车站也设立了关厂。这一期间，深圳在九龙关的位置愈发重要，已经是区总部所在地。到了1922年，九龙关在深圳的罗湖山顶建立缉私总部，统一领导各区的缉私工作。

深圳河关厂设立的那一年，深圳地区发生了一件大事，那就是被孙中山先生称为庚子首义的三洲田起义，这也是“辛亥革命的第一枪”。在九龙关的日常记载里，这一时期经常出现有关军火的指示。比如1906年10月，广东水陆巡防营务处兼缉捕总局函告九龙关：孙文由法、日运大批军火到港澳，要予严缉。两广总督岑春煊也发来通知，称孙文“屡谋不轨”，要严加防范。

革命，要枪，也要钱。九龙关的关厂，成为革命党眼中的“肥肉”。1911年的记载里，罗坊、深圳河、沙头关厂被不明身份武装袭击，损失财物若干。第二年的记载里，罗坊分卡被缴走步枪7支、子弹230发，文件还特别提到，袭击者自称是“新革命党”，佩戴“二革命”三字标志，为首者还能说英语。随后的大革命时期，九龙关的关厂税卡被袭是家常便饭。仅在1916年1月，盐田分卡便被“光顾”了3次。深圳河边的龙津圩分卡，留下有趣的记录：袭击者进行革命宣传，贴出革命布告，为首数人还会说英语，还给分卡主任开了张武器收据。九龙关当时统计的数据称，历次被袭共损失步枪117支、手枪4支、左轮30支。应对这种情况，英籍税务司干脆收回了所有武器。

通过文献资料，还能看到九龙关与抗日游击队的交情：1939年5月27

深圳河关厂成立初期的照片

日，武装人员护送物资在沙鱼涌冲关成功，留下两封中共游击队领导人曾生的签名信。副税务司加登纳根据信上的地址，找到了游击队驻港人员。了解到物资是华侨捐赠的药品和军服后，加登纳表示抗日物资可以免税，但希望双方加强联系。

先是革命党，后来则是游击队。从1947年起，九龙关的记载再度出现关卡被抢的记录：游击队不仅冲进深圳河边的关卡，缴走警员的枪支，还在沙河桥上，伏击了运送薪金的交通车。

## 五星红旗在罗湖山顶升起

时间定格在1949年10月21日中午12时30分，罗湖山顶的九龙关缉私总部，第一次升起了五星红旗。与此同时，九龙关的边境支关也升起国旗。这便是九龙关护产起义的光荣时刻。

在解放的大潮中，九龙关情况特殊：解放军不能进入香港，而九龙关总关设在香港，那里有着九龙关的主要关产、税款、仓库以及缉私舰队。于是，一场涉及三方的较量由此展开：北京力量日渐强大，台湾力量仍在台面，英方力量还是领导层。

共产党员林大琪是播火者。这位1938年入党的老党员，在1947年调至九龙关工作。受党组织的委派，地下党员林大琪和李国安在九龙关组织了14人的“学习小组”，为“保护关产，迎接解放”做准备。中华人民共和国成立前夕，组长林大琪调回北京筹建海关总署，剩下的13人护产小组却已做好了准备。2001年，《深圳商报》采访到当时健在的两位九龙关起义者，他们的说法是：“我们只知道党就我们身边，但我们不知道谁是共产党员。”

护产骨干黄昌燮，是至关重要的串联钥匙。他是林大琪的福建同乡，也是税务专门学校的同班同学。当时，黄是二等监察长，在外班华员中职务较高，而且为人正派。当年任蛇口支关关警班长的程鸿喜对黄的评价是："有正义感，当时几乎就是华人关员的代表，非常具有号召力。"在华人关员的眼里，当时并非党员的黄昌燮是公认的"红色人士"。

英籍税务司经蔚斐，是不可或缺的合作者。1949年8月，经蔚斐被指派前往香港主持九龙关。之所以成为最后一位"英籍关长"，是因为经蔚斐特殊的姻亲关系。按照中国人的说法，他和时任香港总督是连襟。1950年2月，经蔚斐辞职返回英国。

1949年10月1日，中华人民共和国成立，九龙关的争夺变得激烈。争夺的焦点是缉私艇，在开除了159名拒绝调动的船员后，6艘舰只被拖往台湾，关员的不合作打乱了国民党的计划，九龙关因此保留下20多艘舰只。

一次偶发事件推动了护产起义的进程。10月8日，英籍缉私税务司史铎士在白石洲支关被扣，关警要求发放3个月津贴作为应变生活费。联想到游击队不断袭击边境支关，经蔚斐认为事件可能和共产党有关，于是向黄昌燮发出试探，希望能够营救史铎士。黄昌燮提出，如果成功营救，经蔚斐能否向北京海关总署投诚？经蔚斐当即表示同意，并将时间定在深圳解放之日。10月14日，经蔚斐与党组织会面达成投诚的君子协议：九龙关改挂海关关旗，在通电北京投诚前共守秘密。协议的见证人，便是黄昌燮。

与此同时，解放军粤赣湘边纵队组建了由刘汝琛负责的九龙关接管小组，先遣人员成功进入罗湖山顶的缉私总部。10月17日，香港宣布戒严，封锁边境。18日凌晨，在经蔚斐的沟通联系下，黄昌燮等人乘坐海关汽车进入深圳，开始移交工作。19日，深圳解放。两天后，宝深军管会接管九龙关缉私总部，成立了九龙关临时接管委员会。中午12时30分，罗湖山顶、香港总部和边境支关同时挂出五星红旗，经蔚斐随即通电北京，接受海关总署的领导。

这便是九龙关的护关起义。1950年1月，海关总署改订全国海关名称，九龙关没有按常规以深圳或者宝安命名，而是正式改名为九龙海关。保留九龙的称呼，只为不忘历史。

护产起义画上句号，发生在红旗升起的8个月后。九龙关被接管后，缉私舰队还有大小27艘舰艇留在香港。逃往台湾的国民党反动派，利用海军优势进行封锁。1950年3月31日和4月1日，国民党军舰连续两次炮轰大铲岛，同时也派出飞机空袭文锦渡。这年4月，海关总署决定实施“开穗计划”，将20艘舰艇从香港启航驶回广州。

按照计划，启航的时间是6月17日下午。不料在6月14日，香港报纸称“九龙关缉私舰艇将于17日离开香港，目的地不详”，《新生晚报》更是说船只开往昂船洲进行武装，将借黑夜掩护开出本港。于是计划提前执行。6月15日下午5时，所有舰艇关闭无线电报话机后启航，一直开到青洲附近海面。等到天色全黑，船只在关闭所有灯光情况下，以最大马力冲出香港海域。顺利闯过外伶仃岛国民党炮艇封锁线，舰队立即派人上岸告知边防炮兵部队：缉私舰队即将全无灯火向北开过。

经典的一幕发生了：16日清晨，舰队驶抵广州沙面，列成长阵在白鹅潭江面下锚。

惊险的一幕也发生了：6个小时后，国民党飞机飞抵内伶仃、虎门一带上空，盘旋一阵后最终扑空而回。

再造：重新创造，泛指重新获得生命。就深圳河而言，1995年开始的治理便是一次再造。

# 五

## 再造

深圳河虽被称作深圳的母亲河，但带给城市的记忆并不美好。歌声里的“小河弯弯向南流，流到香江去看一看”，似乎岁月静好，真实的情况却是“道阻且长”，而且“波涛汹涌”，时常“洪患暴虐”。

深圳经济特区建立以来，深圳河40年间发生着巨变。尤其是1995年开始的深港联合治河，最终解决了逢雨必涝，也将清河重现提上了日程。

深圳河，开始了一次再造。

# 小河弯弯风浪大

在文人的笔下，深圳河扭着一条“水蛇腰”。

这是一个形象的比喻。《深圳水利志》的表述是：深圳河河床狭窄，河道弯曲。接下来的表述则是：又加海潮顶托，洪水宣泄不畅。

历史文献中的灾异记载，虽然没有点出深圳河的大名，但是肯定也少不了小河兴风作浪的恶行。

## 文献记载惨不忍睹

嘉庆本的《新安县志》，在“灾异篇”中有着一段详细的洪灾记载。时间是康熙二十五年（1686年）四月二十二日，南头县城水涝，而深圳河流域的乡民不得不“浮水而渡”。

记载称：“大水，时淫雨连日，倾注治城高处山麓而泛滥汹涌，渠不能泄。亟开西、南二门放水，势犹未灭。西南隅水深丈余，民居尽颓塌，人民冒雨四散投生，上下汹汹。不得已乃决城垛二处消水，水势始平，人心稍定。城西西乡村冲决民房百余间，皆漂流如海。西北路燕村、水贝、黄松岗等处，冲决土寨、民房不可胜计。居民皆升屋上，缚竹木为筏，浮水而渡，往往溺死。牛畜淹没甚多。城北新围土寨，水环丈余，居民亦皆以木筏渡水而走。北路竹村一带，冲决亦如之。至田产冲压崩塌，更不待言。”台风、大雨、洪涝、海潮，从文字记载中不难看出，南部沿海能够遇到的自然灾害，这次来了个“集体赴约”。在深圳河流域，受灾的居民都得爬上屋顶，还缚竹木为筏，但结局却是“往往溺死”。

深圳地区近海多风，台风自古以来就是发生最频繁、危害最大的灾害之一。1997年出版的《宝安县志》称：“据1952—1991年40年间的气象资料统计，在此期间影响本县的台风共184次，其中严重影响的61次（严重影响的标准是平均风力大于8级，阵风10级，日降雨量大于80毫米）。”

这是今人的总结，不妨看看古人的记录。清代的两本《新安县志》里，飓风是灾异的常客。稍早的记录在明末：崇祯十六年（1643年）四月二十四日，飓风作，大雨。到了康熙年间，飓风更是频频出现，七年之间祸害三次：十年（1671年）二月十一日，飓风大作，城垣、学宫、衙宇、民房吹毁甚多，牛群俱吹落海。十二年（1673年）五月二十一日，飓风作，海潮大溢，没屋浸禾。知县李可成为文祭之。十六年（1677年）八月二十一夜，飓风，城垣、学宫、衙宇、民房吹毁甚多，人畜多压死。



看似简单的文字背后，都是一幅幅惨不忍睹的画面。风浪没有在历史长河中平息，一路横冲直撞到了现在。

## 市委书记水困新园

1980年8月26日，深圳经济特区获准建立。就在特区诞生前的一个月，深圳河便来了一个“下马威”。7月28日，深圳河的支流布吉河上游大雨，日降水量超过200毫升，结果下游的深圳老城区洪水泛滥，罗湖片区顿成“泽国”。洪水冲进新园招待所，屋内水深1米，新来的深圳市委书记吴南生一行被困4号楼，根本出不了门。

1980年夏，深圳连降暴雨

可以说，深圳经济特区城市化的开篇，便和水患较上了劲。市委书记被困的后续，是深圳开始启动市区防洪工程规划设计，主要治理对象就是深圳河及其支流布吉河。另一个改变则是罗湖山。特区版的“愚公移山”，将整座山填进了水田，整理出一块1平方公里的土地。一位名叫罗贤生的深圳人笑称：深圳有圳，罗湖有湖，自小和水打交道，莫不是上天有意要我们做“弄潮儿”？

在《深圳梦》一书中，在罗湖长大的罗贤生讲述的20世纪80年代场景如下：上红岭小学时，暴雨后常要卷高裤腿才能出行。上桂园中学时更遇到“发大水”，水漫金山直到教学楼二楼。看到罗湖连成一个大湖，“小屁孩”编着顺口溜，唱着“推个轮胎作船开”，甚至学着大人在老街摆渡，不用上学，还能玩水赚上零花钱。

洪涝，是深圳的大敌。在文献记载中，1940年台风冒雨来袭，沙

受浸的东门居民

被困在店内的女店员

头角一带洪潮并发，入屋卷人入海。深圳河的支流莲塘河水位暴涨，罗芳村老人指认的洪水痕迹，入屋水深约1米。中华人民共和国成立之后，深圳河同样是“小动作”不断，记录在案的“大动作”发生在1964年10月13日，深圳河两岸农田受淹面积多达1.3万亩，下游低洼处水浸长达7天之久。

## 先天不足人为放大

分析深圳的洪涝成因，水务和气象专家会归结出“天时、地理、人为”三方面的成因。

先说天时。深圳的降雨量并不算多，甚至还可以说是一个缺水的城市。但是降雨时间却很集中，而且与台风相伴，强度之大超出想象。比如1957年9月21日的记载，在连续降雨36小时后，全县主要河流河水泛滥。深圳方面气象资料显示，深圳河流域一次台风过程的降雨量可达300至500毫米，而多年平均降雨天数189天，实测24小时最大的降雨量是363毫米。香港皇家天文台1948至1981年的实测降雨资料表明，最大24小时降雨量可达416.2毫米。

水灾发生的时间也极度诡异。明嘉靖五年（1526年）二月，大雷雨，江河泛滥成库。在资料可查记录里，这是水灾在年内最早出现的一次，即春汛最早出现在农历二月。人们常说“春雨贵如油”，这次却是“春雨猛如虎”。至于最迟的记录，则发生在清顺治十七年（1660年）十一月初八，雷电大作，连雨7日7夜乃止。

再说地理。深圳的河流众多，却不是大江大河。沙湾河和莲塘河交汇的三岔口，是深圳河干流的起点，长度只有16公里多一点。这意味着，深圳河在防洪上没有时间和空间的缓冲。

在专业表述里，深圳河流域内上游为丘陵山地，草木繁茂，植被较

1991年6月21日，大雨过后的泥岗路

1998年5月24日，暴雨下的罗芳路

好，河床多卵石，比降较陡；中下游为冲击平原区，地势平坦，河床多细沙，为海相沉积。河系呈扇形分布，流程短，比降陡；洪峰流量大，汇流时间短，暴涨暴落，暴雨后数小时洪峰便可到达下游。香港的表述，直接将中下游称为洪泛平原。

另一个不利的地理因素，是海潮。鲜美的生蚝长于咸淡水交汇之处，而深圳河的养蚝地点，甚至可以溯流到罗湖桥下。在深圳湾涨潮之时，深圳河就会出现倒流现象。用专业语言来解释，那就是深圳河有长约16.2公里的感潮河段，受河口外深圳湾不规则半日潮的潮汐影响。

台风，暴雨，再遇大潮，极易造成河口处洪潮顶托下的增水，形成外洪内涝的灾害。资料记载，1989年7月18日，受台风影响出现罕见大海潮，南头潮位比历史最高纪录还高28厘米，海堤决口70多处，共1公里长。福田区沿深圳河一带村庄，如水围、沙咀、沙尾、石厦等等，均遭受洪潮灾害。

最后是“人为”。城市化进程的代价，生态环境改变首当其冲。就拿罗湖的“沧海桑田”来说，移山的结果便是少了一块天然的滞洪区。而且，城市化带来的地面硬化，让雨水难以下渗，也加剧了洪涝程度。

2001年出版的《深圳水务志》，专门用了一章记录深圳建市以来的洪灾，和深圳河相关的记录包括：1980年“7·28”暴雨洪灾，1983年“9·9”台风暴潮灾害，1988年“7·19”市区暴雨洪水灾害，1989年“5·20”暴雨洪涝灾害，1989年“7·18”南山、福田暴潮灾害，1992年“7·18”台风暴雨洪灾，1992年“9·7”暴雨洪灾，1993年“6·16”洪灾，1993年“9·26”洪灾，1994年“7·22”及“8·6”特大暴雨洪灾，1997年“7·19”龙岗区特大暴雨洪灾及“8·2”台风水灾，1998年“5·24”特大暴雨洪灾。

这份记录单，着实不短。

# 民间治河有趣闻

河是界河。深圳河的南岸，是香港新界；北岸，是深圳的罗湖和福田。深圳河的综合治理，无法独自完成。从陆续公开的历史档案来看，深圳河边的原住民们为了生计，产生了许多有趣的治河故事。

## 拦河解旱情，抢水是常态

农耕时代，水是重要的生产资源。深圳河两岸的村庄，关于水的争夺一直存在。骆克当年勘探新界，也在报告中屡屡提及深圳河畔的村庄存在用水纠纷。没有明说的原因还包括，广东是最严重的“土客冲突地区”，而且土客双方都不买官府的账。

在历史研究者的表述里，土客冲突专指明清时期，在中国南方的族群混居地区，各族群（汉族不同民系）之间的激烈冲突。土、客两词，分别是先住民和后住民的意思，按当地不同族群到来的时间先后进行区分。在现在的深圳地区，一方面是广府与客家的对立，另一方面则是经历过康熙年间的迁海复界，原住民的先后关系更为错乱。深圳河上游是丘陵小水源地区，农民们进行水稻耕作自然离不开水源，村庄间的争水往往成为宗族斗争的导火索。至于最后的解决手段，那就是打群架——大规模械斗。

香港最北端是一个叫白虎山的小山丘，所在区域是打鼓岭。打鼓岭的地名，就和深圳河两岸的械斗相关。北岸是黄贝岭，黄贝岭的张姓一族是大姓望族，人数上拥有绝对优势。两岸村庄争取的焦点，是深圳河上一个叫箝口的地方。此地是一个过河要道，处在东和墟（沙头角）和深圳墟中间。对抗“黄贝岭”，南岸的小乡村开始结盟，在简头围附近的小山丘安了面大皮鼓，一旦发现“黄贝岭”来犯，便立即击鼓示警。久而久之，小山得名打鼓岭，结盟的6个村庄叫打鼓岭六约。这种联盟在当时非常普遍，比如东和墟有沙头角十约，现时的龙岗也留下了六联、六约的地名。

1960年的一份情况汇报，讲述的便是深圳河上的一次争水。这年6月，宝安大旱。深圳公社向西村的群众，便想到向深圳河要水。公社的刘书记算了笔账：如将深圳河水堵住，可灌溉600至700亩的田地，既解决向西村的旱情，还能顺带帮上邻村罗湖村的忙。堵河这件事，是常规应对。1956年和1957年，向西村就下河搞过两次。因为此前相安无事，大家并不过分担心界河的影响。

6月22日上午7点30分，在文锦渡以东700米的河湾，85个村民开始行动了。到了下午5点30分，驾轻就熟的村民用河里的泥沙修了一条拦河坝，规模是长22米、宽6米、高2米。

当天下午，英方警察露面，村民说他们在工地附近先后出现了3次，不过并没有阻拦。群众收工后，英国警察向值勤的边防哨兵用喇叭筒喊话，大意是：界河大部分是英国的，你们修工程要先向公社请示，公社可派代表到文锦渡和英国当局联系。这事很快就到了县委层面，县委认为旱情严重，工程还是要搞，可派群众代表前去交涉，讲清楚旱情过后会拆去，只是临时性做法。涉及界河，县委要求在和英方谈妥之前，暂时不要修。

23日上午8时35分，向西村的代表过了河，出面接待的是大埔理民府的英籍官员。港府工作人员说：“你们修水坝，我们不反对。但你们农民不了解边境上的情况。你们在修之前应与我们联系，因为我们要考虑你们这样会否影响英方的田地。”香港的工作人员还称：“我们如有事，也会与你们商量的，这样做很好。”在会面中，向西村的村民收到了一个重要信息：在罗芳村、莲麻坑的上面，英界准备重修两个旧陂头。陂头是南方常见的乡间小型水利工程，说白了就是拦河蓄水。

当天中午，堵河工程复工，拦水坝又修高了1.5米，而且未发生纠纷。在县委的情况汇报里，公社特别提到要注意上游的英方旧陂头重修。这其实也是争水。汇报称，虽然估计英方不敢完全堵住河流不顾下游，但搞得不好却可能酿成双方群众性水利纠纷，而英当局插足会进一步挑起涉水官司。给出的对策是，按往年经验，罗方（即今罗芳）、莲塘等地均有堵水引水，可考虑争取主动，先往上游以上二处计划堵水。

## 共筑蓄水闸，齐修行人桥

深圳河两岸，同宗同源的“双子村”比比皆是，比如莲塘的长岭和莲麻坑，还比如文锦渡的罗方与较寮。于是，向深圳河要水，不仅有对抗，还有联合。



时间来到了1966年。宝安县外事办公室12月9日向广东省外办写了一封信，请示的事情发生在罗方，两岸的农民想建一座水闸，而且想把闸面铺成行人桥，方便过境耕作。

谈起过境耕作，并非只是深圳的单边行为，而是互通现象：深圳的农民要过河种地，新界的农民同样也有土地在北岸。信中写道，为了解决罗方生产队300多亩地的灌溉，也方便英方群众在干旱季节取水浇菜和灌溉农田，附城公社拟同意罗方生产队与英方农民（在罗方村附近耕田的新界农民）合作，将罗方闸口小石桥垫高，修筑成蓄水闸门，并把闸面铺成行人桥，方便群众过境耕作。

村民乘船过境耕作



双方的合作由来已久，此前的每年干旱季节，罗方的群众都在小桥边垫筑临时土坝堵水抗旱，英警未加干涉。两年前春旱，新界的农民表示要在物资上给予支持，具体办法是各出一半。双方还约定，如英警干涉，则由英方的群众与之交涉。后来因为材料准备不及，修闸铺桥错过季节而没有进行。报告称，对方群众今年又要求修筑该水闸，并提出愿意提供部分石料。目前，罗方社员已将所需石块运至现场，请求批准施工。

公社表示，修筑水闸和行人桥对双方生产有利，是正当要求，但考

1972年的文锦渡



虑到工程在深圳河上进行，需挖掘英方河岸，容易发生涉外事件，因此方法必须讲究。汇报材料还称，罗方村群众近几个月连续几次与英警交涉，把对方“整了一下”。鉴于英警有报复的可能，公社建议英方一端由英方群众施工，形成规模后集中全力迅速完成。如果遇上英警干涉，对策则是一边动工，一边由双方群众出面，特别提到“不宜由英方群众单独交涉，因为他们容易被压服”。宝安县领导的批示是：这项工程，在不发生涉外问题和主权问题的情况下，是可以搞的。广东省外事办来电的批复则是：同意双方开展合作。但是遇上英警干涉，可由双方群众出面交涉，强调“我方群众向来在河中堵水灌田，从未受到干涉，英方不应加以刁难”。

1966年，“文革”开始，从深圳河北岸波及南岸。在历史影像中，抬着领袖画像，举着语录，深圳的红卫兵带领各界群众，冲击过文锦渡口岸，也试图闯关罗湖桥。因此，在这次建桥的方案中，罗方的村民自信地表示震慑了英警。

## 渔民找“沙剪”，挖河无障碍

1966年的河道暗流涌动，1961年的河道却是一派和气。在宝安县外事办的文件里，记载了渔民村代表和英方多次交涉，成功对深圳河进行了疏浚，挖掉了河道中的几个滩头。

初次见面是6月12日。深圳公社党委挑选了3位渔民代表，分别是42岁的吴柏森、48岁的邓吉以及24岁的邓技。30年后小平南方视察，出现在镜头里的吴柏森是渔民村的老书记。

最初，渔民村找的是就近的罗湖警署。警署的人说，我们只管桥头，不理民事，深圳河的事归落马洲警署管辖。这天上午7点，3位代表从渔民村驾船到落马洲的下湾，上岸后直奔警署。代表告诉英警，我们要见“沙剪”。“沙剪”，即英语sergeant的粤语音译。在香港警察的职级表中，是一个小队长，往下有警员、高级警员两个级别，往上再升一级就是警署警长。虽然警员称“沙剪”无法处理此事，但是“沙剪”还是和渔民见了面。渔民说出理由：“因为要发展，多运货物，深圳河水很浅，船只不能畅通，影响生产，我们渔民兄弟想疏通它，所以派我三人来通知你们，免得产生误会。”在吴柏森的讲述里，见完三杠的“沙剪”，又见了二花“司爷”。三杠是小队长，二花则是督察，职级高了三级。双方约定，3天后的15日再谈。

民间的接触开始了，官方的沟通同步进行。文件透露，香港水务局局长毛瑾当天联系了新华社香港分社，就3位渔民的来访进行沟通。

6月15日，北岸的渔民第二次来到落马洲，负责接待的是大埔理民府的“大人”（英方官员），在场还有两个工程师和帮办及秘书。英方官员表示同意挖河，问起有没有工程师，并解释说：“不是大学生，懂工程的就行。”英方的要求是：工程要赶快进行，争取短期完成，不要中断。同时要讲究工程技术，不要弄得两岸河堤塌下。

7月28日，工程开工，吴柏森在8月2日做了汇报：除了30日正常休息，挖河队天天开工，没有中断。英方除了开工当天上午有警察观察外，三四天无人来过问。

其实，官方层面的沟通频繁进行。广东省委港澳工委的汇报称，毛瑾在6月29日和中方会面。此前，双方有过技术层面的沟通，国内方面派出了一名谢姓工程师。会议除了约定在7月21日继续会面，还统一了对外口径。毛瑾说，最近有些记者可能知道了挖河会谈的问题，已经向港府询问真相。为了避免外界传闻失误，乱加猜测，香港政府准备，如果记者再来问，就公布此事已圆满达成协议。

治河之外，毛瑾格外关注深圳水库的存水，表示木湖抽水机站所订抽水机已自英国启运，不久后可到港，每天可抽水4000万加仑。深圳水库在1年前开建，100天内完成了大坝的主体工程，并在1960年3月开始蓄水。根据此后的供水协议，深圳水库每年向香港供应淡水2270万立方米。淡水问题一直是香港的命门。1929年大旱，广九铁路将车厢改为水箱，从深圳河汲水运至九龙市区。当时有人用渔船从深圳贩水，一桶水2角港币，而一碗叉烧饭不过5分钱。香港1962年年底再度大旱，东深引水工程正式上马。1965年3月，东江水进入深圳水库后，通过压力钢管输往香港，供应量已经增加到每年6820万立方。1994年，东深供水能力达到每年11亿立方米，占了香港七成用水量。此前的1982年6月，香港解除限制用水，实现了24小时用水。

渔民村代表与英方的第六次会面，是在9月29日。吴柏森和邓技撑船前往，10点到达落马洲警署。港英水务局副局长庄信和工程师等6人驾车赶来。庄信问：“你们挖河有困难吗？要不要我们帮忙呢？”渔民村代表回答：“我们挖河工程不久就要完成，没有什么困难，无需麻烦你们了。”庄信还问起了谢姓工程师，听到工程师生病后表示慰问。

挖河工程处理了河道上的5处滩头，庄信问挖起的沙子能不能用呢？渔民村代表回答：初时挖的沙子好，可以用，现在挖的夹杂了一些泥。副局长建议洗一洗，渔民村代表回答说粘得很紧，办法不通。庄信最后告诉代表，11月24日上午10时再见面。渔民村代表则提出，下次如果没有什么事情，不再麻烦了，免得影响大家工作。庄信坚持还是要见一面，并邀请渔民村代表前往元朗办事，不妨去办公室坐一坐，地点是屏山警署。

从文件来看，这是渔民村代表最后一次与英方官员的接触。在一种平和的气氛中，深圳的渔民村完成了对河道的深挖疏浚。下一次如此顺利的合作，时间已是1995年。

## 竞相修河堤，两岸互比高

深圳河奔向深圳湾，右岸是深圳，左岸是新界。原本，这条河两岸的河堤并无两样，但是分属不同的政府，河堤也就有了变化。

1991年出版的《深圳水利志》记载称：因是界河，两岸堤防各自维护，堤高相互制约。20世纪50年代，右岸堤围高于左岸的新界，60年代基本均等，70年代，新界广挖鱼塘，加高堤围，高出右岸，洪潮大多漫向深圳的附城公社一带。1975年，宝安组织千人“民兵团”修筑右岸堤岸，东起蔡屋围，西至车公庙，全长约21公里。

在深圳河的右岸，深圳地区共有15平方公里低洼地带，新界的河堤加高，就意味着深圳成为洪涝高发区。南岸修河堤，北岸就是利益受损方。宝安县革委会1975年请示报告称：深圳河是一条小河，英方河堤比我方河堤低1至2米，每逢海潮、大雨水涨，水都倒向英界一方。去年以来，英方调集了十多部挖泥船，对河堤进行了加固加高，现在反而比我

部队参加治河活动

1975年宝安县发出改造深圳河号召，深圳镇各界数千人踊跃参加，香港学生闻讯前来深圳河工地支援

方河堤高出2米左右。遇上大雨，水就倒向我方。去年一年海潮和大雨，附城公社被浸水田5000多亩、鱼塘几百亩，损失了一批稻谷和鱼虾，威胁生产极大。

在这份报告里，提到深圳方的河堤全长21公里，其中深圳至蔡屋围段6公里，标高2.2米，蔡屋围至沙头段15公里，标高2米。河堤往内，则是深圳公社1个大队和附城公社7个大队，共计有17000多亩稻田、3000多亩鱼塘。进行了一番准备和动员，便有了《深圳水利志》中提到的千人大会战。从老照片中来看，参战的有专门从香港赶回的学生，还有边防驻军战士。

# 好事多磨十三载

改革开放之后，无论香港还是深圳，都意识到深港关系进入“合则双赢、共存共荣”的新阶段。

1982年，深港会谈启动，很快达成了第一份政府间的“深港协议”。这份协议的头等大事是增辟口岸，治理深圳河也是重要内容。可惜的是，谈判在1988年宣告中止。等到1992年，谈判重新启动。直到1995年联合治河正式启动，十三年的“马拉松”谈判总算跑到了尽头。

## 深圳曾想挖运河



谈到洪涝，有人说特区运气不错，成立十年没有遇上大洪水。

单看“家底”，深圳是“踩着钢丝过河”。“河道狭窄、河道弯曲、海潮顶托、洪水宣泄不畅，排洪能力只有2至5年一遇，深圳市区每年遭受1—3次洪水灾害，旧城区及沿河低洼地带15平方公里面积经常受淹。”介绍深圳河，这是1980年之后的标准表述。

从数字角度，所谓的“运气不错”有概率原因，因为就在经济特区建立的前一月，深圳就遇上了一次大洪涝。更为重要的是，这让经济特区建立后格外重视防洪建设，深圳没有错过“时间窗”。1980年，市区防洪工程规划设计开始，主要对象就是深圳河及其支流布吉河。1981年春启动治理，1985年完成主要工程，内容包括深圳河北岸临时防洪堤，布吉河下游河段整治，以及划出了笋岗滞洪区。现在的赏荷去处洪湖公园，便是滞洪区的过水面。

说运气好，并非牵强附会。水文资料显示，黄贝岭村历史最高洪水位为1945年的5.86米，深圳河的三岔河为1959年的5.00米，湖贝村为1959年的5.07米。通过测算，相关部门看到了一个令人提心吊胆的结论：错开深圳水库的泄洪，让笋岗滞洪区到达最高负荷，即使满足这两个条件，一旦遇上五十年一遇的洪水，布吉河河口水位将达到4.3米，罗湖桥下游则是6.5米，上游将是7.5米。罗湖桥的人行道高为6.4米，这意味着深圳河的河水将淹过罗湖桥。

为化解水患的燃眉之急，深圳在建市之初花了大力气。当中的一个想法是，布吉河不再并入深圳河，而是改道流入深圳湾。按照这个“自建运河”方案，深圳市区将多一条和深圳河平行的运河。

运河只停留在构想阶段，原因除了成本考虑，另一个关键因素是，深港双方准备联合治理深圳河。其实早在1981年年底，任深圳市防洪工程指挥部顾问的珠江水利委员会高级工程师邓镜荣，就提出建议治理深圳河。1982年1月，广东水利厅进行了专题研讨，会议认为整治深圳河是必要的，在技术上是可行的，为此建议深圳主动邀请港方，探讨联合治理。



## 谈判受阻“边界线”

1981年的深港边境线上，改革开放带来的车流和人龙，让堵塞和梗阻成为常态。和中英政府间日后的复杂谈判相比，深圳和香港两个政府却因共同的难题迅速达成共识。

1981年的12月30日，时任港督的麦理浩访问深圳两天。三个月后，深港政府各自组织代表团举行首次会议，很快便签署了《深圳—香港关于增辟两地之间通道的协议》。这个被称为“深港协议”的文件在第四节写明：深圳河须予治理，以防河水污染及河水泛滥。根据协议成立的四个联合工作小组，就包括了“深圳河小组”。

“深圳河小组”很快就召开了首次会议，分别设立了排洪小组和防污染小组。两年后，又增设了一个技术小组。在深圳方面，一个由相关部门组成的治理深圳河工作小组成立，并在日后成为一个常设机构——治理深圳河办公室（治河办）。

在1988年之前，双方讨论确定了治河方案，统一编制了可行性报告书，明确了深圳河治理工程分三期进行。第一期对罗湖口岸铁路桥下游的渔民村料坐和福田落马洲两个弯段进行裁弯取直，第二期对铁路桥直到河口进行全面整治，第三期整治罗湖桥以上至平原河河口的河段。

工程技术并不复杂，工作人员十分给力，但是治河谈判却在1988年中断。受阻的原因各有说法，但根结却在“边界线”上。裁弯取直之后，河道发生改变，这意味着深港双方都有部分土地划归对岸。作为界河，深圳河的治理不是单纯的技术问题，“边界线”背后的政治因素才是难点。以河道整治后的“边界线”未达成协议为由，港英政府单方面中止谈判。



## 洪灾倒逼成“助攻”

1992年，两地政府对“深港协议”进行十周年小结。双方尴尬地发现，过境通道建设顺畅无比，而治河却在原地踏步。于是，双方又回到谈判桌前，继续四年前中断的工作。“非治不可，刻不容缓”，共识仍在，进展缓慢。据统计，谈判重启后的两年里，专家小组的会谈进行了70多轮。

香港方面并不积极。分析原因，除了政治因素，还有经济以及生

深圳市区水灾场景

态的考虑。北岸的深圳，已是一座现代化城市，而南岸的新界，还是以渔农区为主，香港方面对于防洪减灾的急迫性远不及对岸。另一方面，经济发展程度更高的香港，已经将生态放在了重要位置。深圳河口的米埔，是香港具有国际影响力的湿地自然保护区，治理产生的环保问题不得不慎重考虑。

该来的，终究躲不过。“大度”地给了十年的时间后，深圳河不再“宽容”。

1993年6月16日，暴雨袭城。上游是山洪暴发，下游是河水漫堤，交通受阻，工厂水淹，电信中断，深圳遭遇了建市以来最严重的损失。据不完全统计，全市共死亡6人，受浸厂房、商店3573间，直接损失7亿多元。

三个月后，洪水再度来犯。9月26日，深圳河流域受台风影响出现特

深圳市区水灾场景



大暴雨，低洼地区大面积受淹，深圳水库等8座水库超过警戒水位。据不完全统计，深圳共死亡11人，受灾人口13.1万，损坏房屋6700间，直接经济损失6亿多元。媒体的报道如此描述当时的场景：“大量河水溢出河道，罗湖等低洼区大面积受淹，积水盈米，市民须凭舟楫通行，铁路列车一度受阻，船舶停驶，飞机误点。”

当时，访华的尼泊尔国王下榻深圳河边的富临大酒店，时任深圳市市长要脱下鞋袜蹚水入内才能进行外事活动。第二天，有关方面更是出动冲锋舟，将国王夫妇送出酒店。此前的8月5日，深圳清水河危险品仓库发生大爆炸。心情纠结的深圳市民说：这叫“水深火热”。

两次洪水，危害程度达到五十年一遇。南岸的新界，同样不能幸免。在香港媒体关于“9·26”洪灾的报道里，可以看到：“北部数十个村落被洪水围困，昔日千里平畴此时汪洋一片，众多居民攀援救护船仓惶逃离家园。”

当时主管水务的深圳市副市长张鸿义，给时任港督的彭定康写了一封信，呼吁尽快启动治河计划，并称这是“为民除害”。信件披露出诸多细节：“6·16”洪灾中，香港方面罗湖海关的配电房告急，最高水位离地面仅有30厘米距离。为了确保罗湖口岸安全，深圳牺牲了布吉河滞洪区，对近300万立方米的洪水进行控制性排放。到了“9·26”洪灾，情况更为危急。深圳水库主坝24小时内录得降雨338.5毫米，高峰期一小时降雨67.9毫米，而新界方面的过程雨超过600毫米。26日19时，新界洪水进入深圳河，但时值海潮顶托，洪水倒灌市区，就连香港的木湖抽水站也受淹无法运作。

深圳方面坦言，这两次洪灾的降雨程度虽然未达到五十年至一百年一遇的标准，但是深圳河的洪水水位却远超过五十年至一百年一遇的标准。如果发生五十年至一百年一遇的特大暴雨，那么深圳河两岸结局不堪设想。在“9·26”洪灾中，新界北区受淹面积超过10平方公里，而且退水极其缓慢，深圳也是直到28日24时方才完全退去。香港方面的资料表明，新界地区这一次可统计的损失达到1.6亿元港币。新界受灾民众为此反应强烈，新闻报道纷纷聚焦治河症结，香港政府由此表态要尽早治理深圳河。

原来看似无解的“边界线”问题，此时也有了创造性的解决方法。改造的新河道中心是管理线，而边界线仍然是按旧河道为界。据说，这是受到深港边界传统的“过境耕作”启发，所有权是所有权，管理权是管理权。更何况香港即将回归祖国，深圳河在完成一期工程后，只是一个主权国家的内陆河流。

1995年5月19日，深圳河治理一期工程正式开工。经历了十三年，漫长的“马拉松”谈判终于跑到了尽头。

# 新河再造成经典

2012年3月，香港与深圳共同举办深港联合治理深圳河30年庆典。现任香港行政长官林郑月娥当时任香港特区政府发展局局长，她在致辞中评价说："这30年来深港两地在治理深圳河上的合作，充分反映了深港两地政府为两岸居民谋福祉的决心。我相信，两地在各个领域上的合作，将会日益紧密。我很有信心，凭着多年来建立的互助互信精神，深港两地合作将为两地居民带来更大的福祉。"

庆祝联合治河30周年，尚未动工的是第四期工程，服务对象包括建设中的莲塘香围园口岸，而前三期工程在2007年已经完工。经过12年建设，深港双方治理河段长度约18公里。在《深圳特区报》的报道里，深圳河是"再造"。深圳河的防洪标准由2至5年一遇提高到50年一遇，宽度由原来的25至80米增加到80至210米，下游段的泄洪能力也由600立方米/秒提高到2100立方米/秒。



## 回归年里露新颜

1995年5月19日，深港联合治理深圳河工程一期工程正式动工。原定完工时间是1997年5月，最终，工程提前一个月完工。这样的时间安排，不难看出是回归年的特殊献礼。其实，治理深圳河一期工程竣工和二期工程开工典礼是同时举行的，时间是1997年5月16日。

治理深圳河第一、第二、第三期工程图



一期工程共有四项内容，分别是福田落马洲和渔民村料坐两个河段的裁弯取直工程，还有罗湖桥保护工程以及福田河水闸。1997年2月，深圳媒体走进治河工地，从而发现了一条全新的深圳河。

首先，深圳河变宽了。原生态的深圳河，河道在治理前仅有30至40米宽，加上多年泥沙淤积以及水生植物丛生，见过真容的人坦言很有“深圳”的风韵——田垄间的深水沟。不过，后来“深水沟”有了“大江大河”的风范：渔民村段河道底宽80米，河面则为120米；落马洲段的河道底宽增到110米，河面则为180米。在变宽的同时，深圳河也变深了。治理后的深圳河，罗湖桥下水深4米，往下逐渐增大到河口的5米。而在之前，渔民村段的水深甚至只有1米。

其次，深圳河变直了。比较治理前后的地图，不难发现治理的河道过去是6公里长，而现在只有3公里。原因在于裁弯取直，将过去的S型变成了一条贯通的直线。深圳河的河道过去是“蜿蜒曲折”，裁弯取直如同做了一次“肠梗阻”手术。变深变宽又变直，这也意味着上游的暴雨可以迅速入海，大大降低了洪涝灾害的危险系数。

这是一个质量过硬的工程。1999年，深圳河治理一期工程被评为“水利部优质工程”，拿到这个称号的，全国仅有11家。这也是一个管理过硬的工程。深圳市治河办负责人在采访中表示：“工程累计约8万人次赴香港工地作业，未发生一起非法出入境事件，更未发生过走私、贩私、贩卖毒品或枪支弹药的案件，也未发生其他违法案件。”

## 治河按下快进键

一期工程的实施，向前迈出了关键性的一步。深港联合治理深圳河工程，由此按下了快进键。1995年5月，第二期工程的前期工作启动，并于1996年11月开工，1998年11月完工。在一期工程消除“肠梗阻”后，二期工程对罗湖桥以下的深圳河进行了拓宽挖深。除了在河道防护和软处理中运用土工合成材料，二期工程的最大亮点在于环境补偿，建立了20公里的落马洲河曲生态恢复区。



2001年12月30日，第三期工程开工，并于2006年11月30日顺利完工。第三期工程是向罗湖桥以上地区进发，三个标段对应着三个“硬骨头”。第一个“硬骨头”便是罗湖口岸的换桥：建便桥，拆除老桥，重建新桥，再拆便桥，历时10个月；第二个“硬骨头”是文锦渡的改造：新建双向行车桥，拆除两座旧桥；第三个“硬骨头”则是东深供水管改造，河要修，水要供。

从防洪的角度，历时12年完成的三期工程是成功之作，而且经受住了实战检验。

治河第一期工程落马洲河段旧貌

治河第一期工程落马洲河段新貌

治河第二期工程皇岗桥至河口段旧貌

治河第二期工程皇岗桥至河口段新貌

1998年“5·24”洪水，一期工程已经发挥作用。虽然此次洪水洪峰流量较大，但水位相对低，而且退水较快。

1999年“8·23”洪水，二期工程的A段成为防洪增量。罗湖桥以下地区，未现被水淹的现象，位于三期工程施工范围的文锦渡一带，依然水患严重。

在一期、二期工程完工后，深圳河的排洪作用非常明显。深圳市治河办的资料称，2000年的“8·24”洪水、2001年的“6·27洪水”、2003年的“5·5”洪水，都未对已治理的深圳河沿岸造成任何损失。需要说明的是，2003年5月5日，深圳特大暴雨创下有记录以来的单日降雨最高纪录，此后的6月也是创下单月最高纪录。

三期工程完工后，深圳河治理可以说充分发挥了整体效应。“河道宽阔顺直，堤坝连绵整齐，护坡平整流畅，上游罗湖低洼地带排洪效果得以改善。”在一本记录联合治河30年的纪念册里，深港双方表示，深圳河防洪标准提高到50年一遇，堤坝可以抵御200年一遇的洪水。

这是经过检验的结论。2006年“9·13”洪水、2008年“6·13”洪水，均是超百年一遇的洪水。遭遇两次非常冲击，深圳河安然度汛。



## 融合聚变成范例

纪念从1982年开始的深港联合治理，深港两地政府在2012年出了一本纪念画册，名称叫作《融合聚变三十年》。“融合”和“聚变”，都是物理专有名词，却很贴切地反映出治河中产生的变化。

深圳河的治理，不仅开创了不同制度模式、不同法律观念的两个政府联手治理界河的先河，而且越走越顺的治理之路更是“一国两制”框架下的合作范例。

从1982年开始的治河谈判，难的不是技术，更是不资金，而是观

治河第三期工程文锦渡桥以上至平原河口河段旧貌



念。深圳的治河人员坦言，一方面是不同制度产生的不同思维方式看起来差别不大，在实际工作中磨合难度却不小；另一方面则是工程建设方面很多做法、规范、标准，国内跟国际上的惯例有着一定的差距。

一期的开工，按下了治河的快进键，但是为了一期的开工，准备工作的心血付出却是无法测量的。从工程量来说，深圳河只是一条普通的河流，但是涉及“两种制度”，具体操作必须“小题大做”“举轻若重”。一个细节是，光是涉及两地法律的治河工程招投标文件，我方准备的资料厚达640多页，共计43万字。

磨合沟通的过程，也是学习进步的机会。1993年8月31日至9月6日，

治河第三期工程文锦渡桥以上至平原河口河段新貌



治理深圳河工程环境影响评估招标会议举行，这是中国水利工程史上的第一次，开创了我国在境内外水利工程环境影响评估招标的先河。

治理深圳河工程是国内第一个全过程进行环境影响评估、监察及采取生态补偿措施的水利工程。为了做好环保工作，深港双方将环保管理列入工程建造合同，在工程施工过程中，对大气粉尘、噪音、水质以及生态系统如底栖动物、鸟类等，执行一套严格的监督及保护管理制度。对工程带来的潜在的生态环境干扰和影响，深港两地治河人都采取措施进行补偿和恢复。据统计，在深圳河治理前三期工程中，通过对非污染土湿地开挖料渗沥水处理、弃土场植被恢复、加强鱼塘管理及重建等措施，共恢复湿地面积5.88公顷，种植红树8.8公顷，恢复南岸鱼塘14公顷，植树84857棵，植草80万平方米。

深圳方面的治河工作人员说，一开始特别不习惯，认为是过于苛刻，比方说在施工期间要对粉尘进行控制，要用洒水车来洒水，防止粉尘对周边居民产生影响；要控制施工车辆在工地内的行走车速以降低噪音，减少扰民；在河里施工，还要防止把淤泥搅起来，不能对水体及下游河段造成污染。但是，通过不断地摸索体会，参建各方都接受了环保要求，这也间接提升了深圳河的管理水平。在此后的水利工程建设中，深圳河的经验成了国内同行的参照标杆。

深港政府在界河治理上形成的良好合作，为双方在其他领域的合作提供了有益的借鉴，其意义可谓深远。2010年，深圳主办“深圳经济特区建立30年100件大事评选活动”，“深港启动联合治理深圳河工程”榜上有名。

## 四期工程重生态



完成了三期工程，第四期工程也在2008年4月正式启动前期研究。四期工程继续向上游进军，为拟建的莲塘香园围口岸提供安全保障和良好的生态环境。工程起点位于深圳河治理三期工程终点平原河口，终点位于拟建口岸上游约620米，河道总长约4449米。2013年8月，工程正式开工，并于2017年7月按期完工。成功抵御台风“天鸽”“山竹”的冲击，四期工程防洪效益明显。

按照方案，四期工程本着安全生态的设计理念，通过河道适当拓宽、堤防加高使本河段达到50年一遇防洪标准，通过兴建滞洪区削减对下游河道洪水位抬高的不利影响。媒体实地探访发现，四期工程的深圳河段突然变得弯曲起来，有一个几乎是“Ω”形状的“漏斗”。过去治

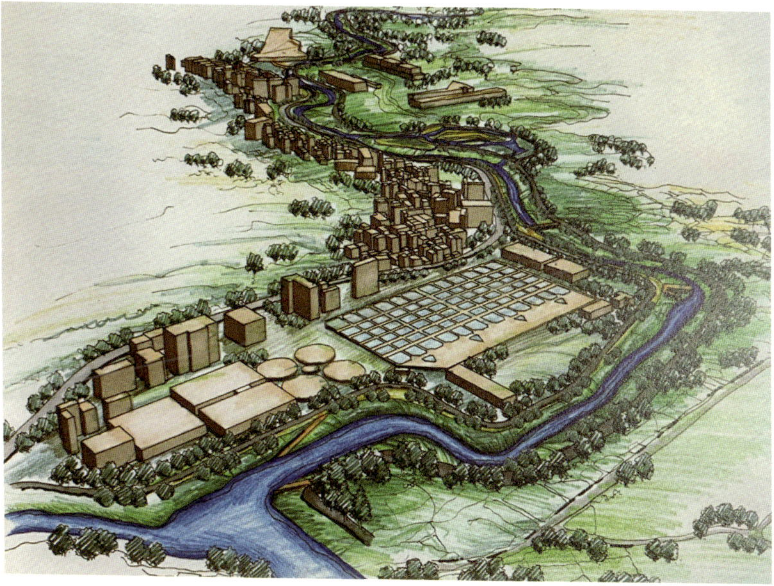

治河第四期工程鸟瞰图



理是“裁弯取直”，这里为何有异？工作人员表示：“四期工程的设计理念是‘安全、生态’，这处湿地就是典型的代表。”按照设计方案，“漏斗”区域在枯水期就是一个小型的湿地，通过种植湿生植物，起到净化水质美化环境的作用；一旦上游雨水汇集，又可通过2.2万平方米的滞洪区容纳约8万立方米的雨水，从而缓解防洪的压力，是典型的“海绵城市”的应用案例。

深港双方的治河，还延伸到了河口。早在2002年3月，深港双方最终商定，将深圳河河口整治纳入治理深圳河工程的总体规划方案，彻底解决深圳河的防洪和底泥淤积问题。7年之后的2009年11月，河口治理一期工程荣获“大禹奖”，这是中国优秀水利工程的名片。那一年的获奖者共有9个，同深圳河一起亮相的，有黄河小浪底水利枢纽工程以及南水北调中线京石段应急供水工程。

# 河套开发创新篇

治理深圳河，产生了一个特殊区域，那就是河套。一期治理工程的裁弯取直，使皇岗—落马洲口岸东侧形成了面积约87公顷的河套地区。在治河之前，这是北岸深圳的土地；在治河之后，河套地区却出现在了深圳河南岸。

边界线问题，此前是导致治理谈判一度中断的大难题。国务院在1997年7月1日颁发第221号令，规定河套地区的业权仍归深圳所有，而香港则拥有该区域的管辖权。

其实，渔民村料坐河段也形成了河套，不过面积较小，而且深港互有土地变动，因此并不为人所知。比较深圳河的前后地图，现在的渔民村东侧是一个社区公园，但在以前，那就是对岸料坐村的土地。因为边境线管理的需要，料坐的小河套并未对外开放。

和小河套相比，1平方公里的大河套一直就是热点。随着粤港澳大湾区成为国家战略，河套定位为深港科技创新特别合作区，成为明星区域。

## 被称“特区中的特区”

特殊的河套用来做什么？

20多年来的探讨，恰好画出了从深港衔接到深港合作的升级路径。

早在1985年，香港工商界就盯上了和落马洲相对的突出部。当时有人建议，港府在此设立“边境工业区”。1988年，更有人提出，将深圳河皇岗段裁弯取直，以创设出口加工区。

在河套地区正式形成后，香港“一国两制”研究中心总裁邵善波于1999年提出，在河套范围内设开发区。随后，香港行政会议成员郑耀棠在2000年提出，在港深边境之间设立“特区中的特区”，河套地区要发展新兴工业。

此后，香港政府官员也时常提到河套地区。2002年7月，时任港府房屋及规划地政局局长的孙明扬表示，可在河套兴建加工区或大型展览中心。2003年初，时任香港财政司司长的唐英年表态，可在边境河套开辟一个特别区域，设立边境贸易区，建成中国产品的展示中心。

共同开发也在进行中。2005年9月5日至7日，深港双方就河套地区的开发拟成立联合小组，开始研究河套地区开发的可行性。在深圳方面，关于河套开发的研讨也在持续进行。早在2004年的一次研讨会上，时任深圳市社科院院长的乐正就表示，河套地区开发应不限于1平方公里。暨南大学教授冯邦彦则表示，河套宜开发为跨境科技产业园区。当然，也有观点认为宜定位成跨境工业园区或者商贸博览区。



从工业起步，科技渐渐成为主角。尽管河套的开发一直处于研究阶段，以皇岗—落马洲口岸为核心的“深港创新圈”最终获得了认同。2007年5月，深港政府签署“深港创新圈”合作协议，在加强两地创新人才交流、实现资源共享等17个方面达成共识。在地理概念上，“深港创新圈”是指以落马洲—皇岗为圆心、1小时车程为半径的特定区域，并以深圳和香港为创新中心城市，以2小时车程为半径辐射珠三角地区。

2008年的深圳市“两会”，河套开发的呼声强烈。民革深圳市委会建议，在河套地区，应仿照伦敦金融城模式设立深港金融城，打造一个新的金融特区和国内金融改革的试验、示范区；深圳市政协港澳台侨委员会建议，河套地区可作为深港两地共建跨境“新城区”的试验区，优先规划发展双方优势互补的新兴产业，如软件外包产业、文化创意产业等；香港委员马鸿铭提出，可以利用河套地区特殊的地位，建一所全新的大学；香港委员蒋丽婉则提议把开发深港河套地区纳入“深港创新圈”研究发展范畴，建设河套跨境高新区，构建一个深港工业界共同的窗口。

2011年11月，港深双方签署《推进落马洲河套地区共同开发工作的合作协议书》，同意在“一国两制”大原则下，按“共同开发、共享成果”原则，合作推动河套地区发展。直至2017年1月，港深两方正式将河套地区确定为“港深创新及科技园”。

## 大湾区的科创明星

2019年2月，粤港澳大湾区发展规划纲要正式公布，河套地区在“共建粤港澳合作发展平台”部分有着明确定位：“支持落马洲河套港深创新及科技园和毗邻的深方科创园区建设，共同打造科技创新合作区，建立有利于科技产业创新的国际化营商环境，实现创新要素便捷有效流动。”几天后的全国“两会”，国家发展改革委主任何立峰谈到粤港澳大湾区建设时，表示加快落马洲河套地区规划是重点之一。

大湾区战略定位之一是“国际科技创新中心”。在大湾区建设加速的背景下，香港和深圳对于河套地区共同按下快进键。大湾区画出了一条“广深港澳科技走廊”，河套是最为特殊的直接结合部。

在任内第一份《施政报告》中，香港特区行政长官林郑月娥表示：正与深圳市人民政府共同发展落马洲河套地区“港深创新及科技园”，提供香港历来最大的创科园地，并透过粤港澳大湾区建设和港深合作，贯通创科产业的上、中、下游，打造大湾区的国际创科中心。在香港“2018、2019年度财政预算案”中，落马洲河套地区的创科园投资规划超过200亿元港币，第一期工程包括土地平整、基础设施、上盖建设和早期营运。而在2018年10月的任内第二份《施政报告》中，香港特首林郑月娥明确表示：落马洲河套地区“港深创新及科技园”的基建工程已于6月展开，目标是在不迟于2021年提供首幅可兴建设施的土地。

从目前公布的信息来看，“深港科技创新特别合作区”地处深港“直接结合部”，范围并不仅限于河套地区。其中河套A区位于香港侧，用于建设“港深创新及科技园”；河套B区位于香港侧，属于落马洲的延伸发展区域。“深方科创园区”形同伸开的两翼，东侧是以福田、皇岗口岸为核心的河套C区，将与隔河相望的港深创新及科技园协同发展，重点布局生命健康与生物医药、人工智能、金融科技、新材料等领域的研发与产业化发展；西侧则是处在转型升级中的福田保税区，目前已经规划建设了“深港协同创新中心”，与香港合作共建“香港生产力促进局创新及技术中心”等项目。

在《深圳商报》2019年的报道里，特别合作区其实已经启动。从福田保税区到沙田的香港科学园，每天早晚各有一趟直达班车，这成为许多香港科研人员固定的“上班路线”。在报道中，出现了一位名叫廖志荣的创业者。2013年，廖志荣所在的玖明智控在深圳南山区和香港科学园同时成立，研发智能灯控系统，可用手机App控制整组灯光。2016年，玖明智控来到位于福田保税区的CFC大厦，加入粤港澳青年创新创业工场（福田）。创业工场是推动深港科技创新特别合作区建设的具体项目之一，于2018年8月正式挂牌成立。为什么从香港到深圳发展？廖志荣说，两地发展科研各具优势。“香港的高校研发实力强，深圳速度同样惊人。”廖志荣说：“我们最初做展示样机，只花了5天，在硅谷起码需要30—45天。深圳速度是以小时来算的，比如上午10点多联系生产厂商，下午1点多就能拿到零件样品。此外，依托粤港澳大湾区，还能顺利申请到来自中央、广东、深圳的多项政策扶持。”

## 拥有“两制”优势唯一区域

评价河套地区，深圳市政协2018年曾经组成了一个由全体港澳委员组成的课题调研组。在他们眼中，拥有“一国两制”优势的河套地区在大湾区宛如闪亮的明珠。

优势在哪里？香港“一国两制”研究中心研究总监方舟表示，河套地区是唯一真正意义上把“两制”优势叠加在一起的区域，在利用国际资源推动自主创新方面具有重大意义。因此，这个国家科技创新特别合作区，也应是“一国两制”要素跨境流动特别示范区。

全国政协委员洪为民表示，大湾区是一个“你中有我，我中有你”的融合完整产业链，深圳和香港具备汇聚全球智能、科研、产品商业化及产业化的卓越能力。香港作为独立关税区，可以进口一些内地无法进口的生物科技、检验检测以及科研的高端设备，深港强强联手将成为汇聚全球资源服务的国家战略平台。他表示，一定要做到要素流动无障碍，让企业和科研机构能够真正地享受到“一国之便、两制之利”，构建世界级大湾区国际科创中心平台。

2020年3月，深圳成为第四个综合性国家科学中心，河套所在的深港科技创新特别合作区，和西丽国际科教城、光明科学城成为三个支点。在2019年的政府工作报告中，深圳关于河套区域，特别提到要探索建立适应开放创新、融合“一国两制”优势的体制机制，争取在人员物资流动、职业资格准入、标准规则创新、新药品新器械监管等方面先行先试，实现深港科研资金跨境使用，探索建设离岸创新基地。

**净水**：作为名词，**意即纯净的水**；作为动词，则是**将不干净的水变得干净**。

# 六

## 净 水

深圳河有很多别名，现在被人提及频率最高的两个，一个叫明溪，一个叫清河。

明溪和清河，就是明亮的溪流、清澈的河水。其实在文献记载中，深圳河的这两个名字并不常见。清河一名，出自1960年编撰的《宝安县志》；明溪一说，来自首部深圳河民间观察纪录片。

民间喜爱明溪和清河的称谓，流露出强烈的心理暗示。深圳河被称作深圳的母亲河，但是除了原住民，几乎没有谁目睹过母亲河的“素颜”。从20世纪80年代开始，深圳河不仅“蓬头垢面”，更是臭不可闻，河边的居民连窗户都无法打开。

深圳河的治理，已完成的是防洪，未完成的是治污。前几年，深圳大气治理卓有成效，“深圳蓝”成为市民自豪刷屏的宠儿，与之形成对比的则是对水的期盼：何时碧水流深？

# 变脏从何时开始

污染从何时开始？时间并非从深圳建市开始，因为香港的工业化、城市化，远远早于深圳。在深圳的资料档案里，污染开始的时间是1968年，恶臭的污水从南岸涌入深圳河。

## 渔民发现，河里没了鱼虾

最早发现问题的，是罗湖桥附近的渔民村村民。1960年的时候，靠水维生的渔民村代表曾经找上落马洲警署，要求同意清理河道。然而到了1968年，渔民村遇上了大麻烦。

宝安县革委会外事办在1972年年底上递了一份报告，主题是深圳河水污染情况初步调查。报告说，1968年以前，渔民村每年能在深圳河里捕鱼15万斤，但是1968年后逐年减少，现在发展为鱼虾绝迹。渔民们被迫由内河作业改为海上作业，到深圳湾去抓鱼了。

不仅鱼抓不到，鸭也养不成了。渔民村和相邻的罗湖生产队，历来有养群鸭习惯。但是河水有毒，鸭群下水后便大量死亡。偶有私人小量饲养，也用网围着不让下河。群众说："水鸭变成旱鸭。"

水鸭变旱鸭，好歹有条活路。对于不会上岸的生蚝来说，却是灭顶之灾。

渔民村下游的邻居来告状了。原来，深圳河口至渔民村附近一段，

岗厦渔民捕鱼



曾是鲜蚝寄肥的好地方，沙头、新沙大队每年都在沿河两岸寄养大量蚝苗。1968年后，河水不对劲了，赤尾村以上河段污水太浓，鲜蚝大量死亡，赤尾村至河口段虽然污水较淡，也有死亡现象。新沙大队石厦生产队放养在上步附近的鲜蚝，在1968年损失了60船（折36000斤蚝肉），此后往下游回收了五六百米，不料每年还是会损失15000斤。更悲催的是沙头大队，1968年的生蚝全被毒死了，想想便停养了两年，后来不甘心，试着放养了41船，结果死掉八成，剩下的部分也无法挽救。

蚝民说，赤尾以上的河段再也不能养蚝了，而污染不断向下游延伸，日后估计连深圳湾的蚝塘也难保。蚝民的警告并非无的放矢。1974年之后，沙头大队的养蚝地点，已经后撤到蛇口对面海域。算一算，大概一年要后撤个三四公里。

## 跨界缉污，对岸多了皮革厂

污水从哪里来？答案是对岸的皮革厂。

在1972年的报告里，深圳河边的农民反映说，从1968年开始，新界的上水涌开始有大量污水流入深圳河。上水涌在罗湖桥头西侧30米处流入深圳河，汇集了新界上水、粉岭的几条小河，在冬季的枯水期甚至接近干涸。

这么明确指认污染源，深圳农民做足了功课。群众反映，上水、粉岭这两处，前几年陆续建起六七十家皮革厂，制革废水统统排入了上水涌的各个支流。此外，上水、粉岭两地的村庄，也将下水道污水通过上水涌排入深圳河。污水流入深圳河后，受潮水影响，则堵在深圳河床沉淀淤积，致使深圳河污染日趋严重。

村民们还反映，上水涌在新界得月楼附近设有一个小水闸，每星期放水两三次。每当污水经过时，深圳河便秽气熏天，臭不堪闻。南岸的渔民村，已经饱受毒害。村民反映说，出河打鱼，手脚触水，就起泡发痒。值得关注的是，渔民村村民共有151人，鼻炎患者45人。5年之后，宝安县外事办就深圳河水污染再度提交报告，渔民村村民增加到了160人，鼻炎患者多达100多人，比例超过六成。

村民并非对危害一无所知。在1972年的报告里，村民专门请教了深圳皮革厂的制革师傅，得到的信息是制革通常使用的化学药物有草酸、硫酸、纯碱等，还有烈性“毒剂”红矾、砒霜等。师傅说，这些药物的废渣废水都有毒，人闻到鼻子受刺激，对家禽、鱼虾有很强的杀伤力。

时间到了1977年，深圳河的污染更加严重。宝安县的汇报称：“这里原来水质良好，河水为住在北岸宝安县深圳渔民村，附城公社上埗、赤尾、福田、渔农、皇岗、石下、沙咀、沙头等地群众提供大量的生活资源。但1969年以后，河水污染，水族遁迹，鱼蚝业严重减产。”

报告称，“河水污染是沿河两岸污水倾注的结果，新界工业废水是深圳河水污染的主要原因”。根据过境耕作人员和过境探亲群众反映，在大埔区的上水、粉岭、石湖圩、联和圩等地有很多皮革厂、染料厂，还有不少机械修配厂和其他大小工厂。这些工厂在生产过程中，每天都排出大量工业废水。5年前提到的小闸依然存在，报告称：罗湖车站西侧的河上乡，建有一条拦水坝，把上游的工业废水、沟渠水、街道水拦在那里，每隔两三天才放一次。这种放水方式，引起北岸农民的强烈不满。在他们看来，持续排放或许还会得到河水的稀释，而集中排放等于加大了浓度。

值得注意的是，报告第一次提到了北岸的污染。北岸污染河流的是宝安氮肥厂和宝安磷肥厂两股污水。“宝氮”在1970年1月开始排出污水，“宝磷”于1973年7月实行“水排”后才有污水入河。报告称，这两股污水毒性重大，但水量较少。所以，结论是：“南北两岸，主要问题在于南岸。”



## 南北互换，深圳污染殃及新界

“宝氮”和“宝磷”这两家工厂，便是当时北岸的工业污染来源。至于流入的河流，叫笔架山河。笔架山河是布吉河的支流，上游处建有银湖水库，汇入布吉河处则在蔡屋围水闸。《深圳水利志》称，笔架山河在20世纪80年代被叫作“污水河”，原因一个在于氮肥厂和磷肥厂的污水，另一原因则是蔡屋围村东侧集中了若干个兄弟省份的出口猪仓，牲畜的粪便全部排放进了笔架山河。笔架山河汇入布吉河，布吉河汇入

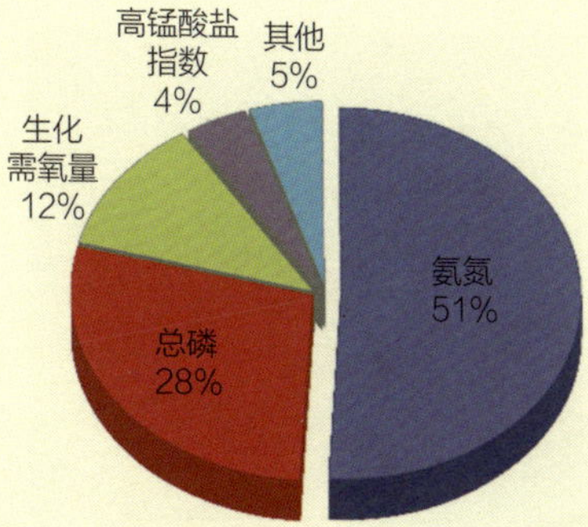


深圳河流域各主要污染
负荷百分比饼状图

深圳河，深圳河便成为各种污染的“兜底”。

在20世纪70年代后期，香港在新界开始限制工业发展，南岸农民反映的皮革厂已经收到了限制令。工厂污水排放有所收敛，但是禽畜业污水排放并不亚于北岸，因为新界一直是香港的渔农区。深港两地政府1982年开始进行深圳河治理谈判，共识是治污和防洪不可或缺。那时的深圳河，自文锦渡以下的河道，已经有了“垃圾河”的恶名。

从20世纪80年代中期开始，北岸取代南岸成为深圳河的主要污染源，而且一直持续至今。2010年2月，《南方都市报》曾刊发一条消息，称香港最差水质河流皆为深圳所赐。数据来自香港环保署每年公布的溪流水质报告。在2008年度报告中，与深圳河连接的梧桐河大肠杆菌含量高达每100毫升21万粒，超标209倍，成为全港水质最差的河流。香港环保署工作人员称：“深圳河潮涨时，高度污染的河水会倒灌至梧桐河，令河流水质变差，污染源并非来自香港。”在回复记者查询时，香港环保署认为：“估计现时排入深圳河污染物93%来自深圳，7%来自香港。”

深圳河两岸河流污染负荷对比

又过了10年，新的变化出现。最新一份水质报告是2018年的数据。在这份报告里，香港83%的监测站水质被评为“良好”或“极佳”，而1987年只有26%的监测站水质达到该两项评级，这反映出河溪水质在过去30年间大为改善。另一个数字是，只有8%的监测站水质被评“恶劣”或“极劣”，而1987年的比例则高达54%。10年前的“最差河流”梧桐河，现在下游水质评级是“普通”，中游和上游则是“良好”和“普通”。报告称，由于元朗集水区受污水渠故障事件影响，2018年元朗河的上游监测站录得“恶劣”评级，下游更是“极劣”。如何改善元朗河？香港的做法和深圳大体一致，报告称现正检讨该区的污水收集计划，以减少来自未有接驳污水渠的乡村的残余污染量。建议方案包括为尚未接驳污水渠的乡村提供污水收集设施，以及在可行情况下安装旱季截流器。

从香港的水质报告可以看出，深圳河的治污有着积极的效果，同时也能看出，南北两岸的治污难题大体一致。

# 谁污染了深圳的河流

1999年4月，《深圳商报》推出了系列报道《谁污染了深圳的河流》。在关于深圳河污染的舆论监督里，这是早期为数不多的公开报道。

谁污染了深圳的河流？报道的结尾是呼吁禁磷。但从报道的细节中，已经清楚地点明深圳河的污染来自生活污染，而生活污染的扩散又和下水管道息息相关。

## 深圳河迅速变成黑臭河

现行的地表水质标准实行于2002年。标准将地表水分成了五类：一类适用于源头水、国家自然保护区；二类适用于水源地一级保护区，标志就是鱼虾产卵；三类是二级保护区，标志就是可游泳；四类已是一般工业用水，人体已经不能直接接触；五类则是农业用水和一般景观水。水质标准此前有过不同版本，但基本内容大体相同。



在《深圳水务志》的记载里，深圳建市前是一个以农业为主的边陲小县，水环境条件良好，大小河流水质都属于二级水质标准以上，可以直接用于生活和生产。宝安县曾在1960年编写过《宝安县志》，当时就将深圳河称为清河。在老深圳的印象里，深圳河在20世纪70年代还曾搞过水上大巡游。可以游泳，那就意味着至少是三级水质。

变化确实从城市化开始。《深圳水利志》1984年的数据显示，深圳

深圳河 (于朋山 摄)

地表水源污染主要是耕作投放农药，工业污染尚小，大部分江河水质较好，可作为居民生活用水。不过，可以饮用的河流并不包括深圳河和大沙河。由于工厂建设日益增多，污染严重，布吉河、深圳河、大沙河的有机污染均超过正常值。与河流相对的罗湖、福田、南山三个行政区，便是深圳经济特区的主体，也是深圳最早开发的区域。

1986年1月25日的《人民日报》刊登了一条消息，引题是“专家研究表明：水环境对污染物有自净能力”，主题是“治理水污染并非都要建污水处理厂”。这篇文章，间接反映出深圳河当时的污染状况。文章称：“专家们还发现，深圳河及海湾区已达到污染的饱和程度，继续向这些水域排污，势必加重污染。”

“他们认为，深圳的污水可向污染程度较轻的珠江口排放，通过那里的海域的自净能力来解决污染问题，毋须在深圳建立污水处理厂。”从深圳河的发展来看，这无疑是一个要被打脸的“砖家”建议，然而令人遗憾的是，报道称“这项建议也被当地采纳”。从日后的经历来看，深圳建起了污水处理厂，同时也继续向深圳河和深圳湾排污，似乎并没有采纳专家建议。

《深圳水务志》的表述则称：“建市后，城镇规模扩大，人口激增，大量生活和工业污染直接排入河流、沟渠，水源水质受污染。”按照国家环保部门制定的1988版水质评价标准，深圳市主要河流水质达不到三类水质要求，有机污染比较严重。至于深圳河，水质总体上达不到五类水质标准，尤其是中下游纳入深圳和香港新界的大量污水，水体已变黑发臭。达不到五类水质标准，直接的表述是现在常说的“劣五类”，也就是最差的地表水。

## 含磷洗涤剂背后的大问题

“一条秀丽的河变成了可怕的污水沟”，《深圳商报》令人印象深刻的报道是从布吉河开始的，随后引用的官方环境质量报告书更是一个无情的结论：深圳已没有一条干净的河流！



布吉河成为深圳受污染最严重的河流，主要有两大污染源。环保部门称，污染源一是特区外的布吉镇，数百家企业的废水和十余万人的生活污水直接就近排入河中，另一个污染源来自特区线内的清水河和草埔地区，产生的污水污染中下游。市区里的布吉河以及深圳河，在报道里是“面孔漆黑、浑身发臭”，成为城市的“排泄通道”，然后又成为深圳湾的污染源。

为何鱼虾绝迹？为何水体黑臭？环保专业人士的解释，是磷污染。环保部门的监测显示，深圳水体的污染排序中，磷污染始终排名第一。这也并非深圳独有现象。联合国环境规划署当时的全球水质监测报告显示，全球有3至4成的湖泊水库出现富营养化。而在国内，巢湖磷超标3.4倍，太湖、滇池的蓝藻更是久治未果。

深圳河流的磷，又来自何方？答案就在每一个人身上。磷污染来自生活污水，根源就是含磷洗衣粉、皂粉和清洗剂，因为当中含有磷酸盐。报道毫不客气地说："人们在清洁自己的身体、衣裳和家庭的时间，却将自己城市的河流、湖泊和海洋污染了。"深圳第三产业发达，宾馆酒楼服务行业成为主力，加重了磷的排入。当时的数据称，中国地表水中磷污染约有30%来自洗衣粉、洗涤液，而深圳的情况远大于全国平均比例。关于深圳的磷污染，报道算了这样一笔账：深圳400多万人口，如果每人每月平均用0.3公斤洗衣粉、洗涤剂，全市一个月总量就是1200吨；按15%的磷酸盐添加量计算，深圳一个月洗涤污水排磷量为180吨，一年高达2100多吨。

呼唤全面禁磷的同时，这组报道也点出深圳治污的顽疾，那就是雨污不分的管网问题。在深圳人的记忆里，当时很多家庭在装修时会充分利用阳台，洗衣机的排水管接入的就是雨水管。过了家庭关，然后就是小区关。在深圳的老旧小区，生活污水并没有流向污水处理厂，而是直接排放入河。这笔账还不能算在小区的头上，因为往往是先有小区，再有污水处理厂，天然河道就是原始的下水道。

2000年，深圳市环保局回复人大代表意见时表示，深圳河属于生活性污染。回复中也可以看到积极的进展：香港一侧清除禽畜废物，南岸最大支流梧桐河水质明显改善，输入性污染有所降低。深圳一侧的污水处理厂也在扩容，尤其是罗芳污水厂解决了文锦渡以东、梧桐山以西的生活污水。从1990至1999年水质变化分析来看，环保部门认为深圳河的水质有所好转，但仍劣于五类。原因就是一定量的污水经雨水管道或直接排入深圳河及其支流，高发区域还是布吉河流域。

## 真成了“城市下水道”

2000年，深圳因为污水亮相《参考消息》。11月8日，《参考消息》转载了香港《星岛日报》的报道，那篇文章的题目叫作《深圳河垃圾泛滥　深圳湾污水滚滚》。

相关部门的调查结果是，水面垃圾现象发生在8月的雨季。因为深圳河流域和新洲河口附近生活垃圾处理管理不严，有的地区甚至无人管理，垃圾难以做到日产日清，乱堆放、乱丢弃现象较为严重。失控地点是深圳河流域内的草埔村、李屋村、南下村、老屋村，布吉河洪湖上游的不少地区，以及新洲河口的四个码头。

解决垃圾泛滥，强化管理可以做到，但是面对滚滚污水，却是有心无力。相关部门的答复是，特区内已经启用滨河污水处理厂和罗芳污水处理厂，特区内的城市污水处理率达到50%，但这也意味着仍有一半污水未经处理就进入河道。至于特区外的布吉镇，大量生活污水直接经布吉河进入深圳河。在调查报告中，相关部门透露，2001年完成布吉镇的排污系统规划，2002年对布吉河特区内流域实行雨污分流，草埔及以下地区污水将截流至滨河处理厂、罗芳处理厂，而草埔污水处理厂将在2004年启用。乐观的预测是，布吉河到2005年可望水质还清，达到景观用水功能。

到了第二年，一家中央媒体驻深记者递交了一份内参，毫不客气地说：深圳河真成了“城市下水道”。

对于治河，深圳一直在花大力气。写内参的记者赞扬了河边绿化：“当你站在河边的时候，你会发现，一切都是崭新和亮丽的”，也不留情面地说：“只有河水是发黑发臭的。”内参说：对于过路行人，可能这条河只需要你忍耐几分钟，但对于居住在河边的居民来说，“你可以不看它，但是你不能不闻到它”。

原因仍在于生活污水的排放。环境监测站说，深圳河污水只有5%是工业污水，主要是生活污水。深圳河不是大江大河，难以容纳大量污水的流入。加上那两年深圳降水少，被污染程度更严重。记者说：深圳河河道成了一个盛污水的池子。天气一热，臭气自然冒了出来。

治臭得治本，改善水质得把污水通过污水处理厂处理后再排入河内。难度也显而易见：深圳过去是几万人，如今是700万，污水处理厂能力有限。除了污水处理能力不足，还有管网建设有欠账，难以根治。城管部门说，城市污水要有专门的排放管道，但是深圳建设发展太快，管网规划设计和建设难以及时跟上，各种污水和雨水排放只有一个管道，一齐排入河道。

## 有容乃大也撑不住了

谈到深圳治污之难，原因并不复杂。首先是径流小的自然硬伤。深圳河河流短小，自我净化能力本就不足。深圳又是一个缺水的城市，1960年前后兴建了一批水库，这使得河流冲刷能力进一步打折。就拿深圳河来说，深圳水库的建成起到了防洪抗旱的大作用，但也意味着深圳河最长支流——沙湾河河水的"消失"。深圳河的三大支流，能向深圳河正常供水的，变相地减少为莲塘河和布吉河。

一方面是先天条件不足，另一方面则是后天生长迅猛。2009年，深圳GDP达到8200亿元，人口也增长到1200万。在2010年的一份报告里，深圳市发改委直言：城市和人口发展规模及速度，与水环境承载能力冲突日益加剧。水污染，是环境承载力的矛盾集中体现。

武打明星李小龙有句名言，叫"Be water"，大意是流水无形，包容性强。面对深圳一夜之间的城市化奇迹，有容乃大也撑不住了。关于水的几个突出问题已经显现：一是河流水环境承载力极其脆弱，陆域水体已无剩余环境容量；二是城市管理能力不足，无序建设突出；三是人口密度大，位于全球第五、中国第一，城市水环境不堪人口重负；四是土地、空间拮据，工程安排极其受限。在官方的表述里，这叫“难以为继”。

数据显示，在1995年到2009年，深圳投入资金153亿元用于水污染治理，完成新改建污水处理厂站15座，建成污水管网5351公里，生活污水集中处理率达到80%。但是，河流治理是系统工程，有效的办法是干流与支流衔接、污水厂网并举。2005年的调查数据称，全市有80%的住宅小区和城中村存在雨污水管道错接、污水乱排现象，大量的生活污水没有按照雨污分流的要求接入污水系统，雨污混流非常严重，大量污水直接排入河道，导致河水变黑发臭。

2010年7月，深圳收到了特区建立30周年的国家大礼，那就是特区扩容。在很多人的理解里，深圳不再是“一市两法”，特区法规适用全市，但最根本的利好却是特区一体化，原特区外地区将按照特区标准进行规划建设。深圳市发改委当年的建议，最重要的呼吁就是在特区扩容的大背景下，改变原特区内外二元化治河管理体制，推动治理与规划的衔接一致。

对于深圳河来说，这是极具现实意义的一笔。就拿布吉河来说，流经的布吉镇当时已是一个人口超百万的大型城区，但在体系内却只是一个乡镇的待遇，形象的比喻就是小马拉大车。这种落差体现在布吉河上，便是一幅怪异的景象。2000年，相关部门诉苦称：布吉河的特区门口，设置的栏网平时可以拦住漂浮物，一逢大雨如同虚设，一发大水就冲入下游。

# 被淡忘的“两湾运河”

深圳河的治污，曾经有过一个奇思妙想，那就是开挖“两湾运河”。具体方案是开凿一条穿越梧桐山的运河，引大鹏湾海水进入深圳河再流向深圳湾，利用两个海湾的水位落差实现“洗河”。

这个方案提出后，引发极大社会轰动。不过形成鲜明对比的，是深圳这边叫好声一片，香港那边是反对声一片。在争议声中走过十多年后，“两湾运河”依旧是“纸上谈兵”，不过两岸的民众想法却是接近一致，那就是“按兵不动”。

## 令人兴奋的未来画面



1995年，深港联合治理深圳河一期工程正式开工。和一期工程开工同时展开的，是二期工程的环境评估。裁弯取直带来的防洪能力提升，是可以想到的变化，甚至是立竿见影的变化。那么治污呢？一个“手术刀”般的奇思妙想出现了。

1995年的深圳“两会”，已经有人大代表和政协委员提议，开挖“两湾运河”。深圳河净化能力不足，水量不够，那就外部引水；水力不够，那就制造落差。1996年形成的民间方案，是从沙头角河口开挖河道至三岔河口，连接深圳河干流，从而把大鹏湾与深圳湾打通。利用海湾的潮差与潮时差，控制海水进出，改善深圳河严重污染的水质，使深圳河从臭河、死河变为较为清洁的海水运河。

不脏，不臭，深圳市民的急迫心情，就体现在“两湾运河”的设想中。当时，深圳河三期工程方案也未最终敲定，只是将范围定在罗湖桥以上河段。于是，深圳市民继续向上游进军，将“两湾运河”说成了“深圳河四期工程”。

《深圳特区报》当年对深圳河进行了沿河采访，结尾两篇便是《何日埠泊万里船》和《奔向新世纪之河》，“两湾运河”更是因此深入民心。在记者的笔下，深圳河将是一条如同巴黎塞纳河的世界名河，还描绘了一个令人兴奋的未来画面：从香港维多利亚湾驶来的白色游艇航行在“河水清且涟漪”的深圳河上，最后泊靠到富临大酒店的河边码头上。金发碧眼的客人们鱼贯上岸，对黛山清流赞扬不已。夜幕降临，恋人们漫步在河滨公园，宛如徜徉在上海外滩、香港尖沙咀的滨海走廊上。

动人场景的一个必要前提，便是开挖“两湾运河”。报道写道：“利用深圳河现有河谷，将西部的深圳湾与东部的大鹏湾全线打通，使中小船舶能通行于盐田港与蛇口港之间而不必绕道香港。这将是一道美丽的风景：在高楼‘森林’、郁郁青山之间，一条绿缎子般的运河横贯东西部，河上有船队穿梭、游轮徜徉……”

不过，这只是深圳一方的构想。真实的深圳河四期工程，直到10年后才开始进行前期研讨，方向是继续向上游进行，终点却是划在莲塘香围园口岸附近。至于治理强度，绝不是开山填海的大动作，而是强调以自然生态为主的共生设计。至于“两湾运河”的设想，从提出之日起就受到香港环保团体的反对。深圳的工作人员说，当年座谈时提起运河，对方激动得拍案而起。

## 必须正视的生态问题

时间到了2000年。这年的深圳市“两会”，一位深圳市民通过“市民之声”递交了电子邮件，提出开发深圳河的旅游功能，还要打造世界名河。至于关键性的一招，依旧是开挖“两湾运河”。

在深圳市水务局的答复里，看得出前期研究正在进行当中。连通深圳湾和大鹏湾的“两湾运河”，起止点近一步明确是深圳河的平原河口处（位于罗芳污水处理厂）和沙头角河口，打通梧桐山新辟一条河道，使大鹏湾的海水源源不断地通过深圳河流入深圳湾。答复还透露，深圳市治河办在1999年12月开展了水文测验工作，分别在深圳湾、大鹏湾和深圳河布设了潮位站和水文站，旨在收集水文资料，提供基础资料。

深圳河的治理正在发挥防洪效果，治污也提上了日程。2002年，经中央政府批准，深港联合治理深圳河工作小组的职权范围扩大，治理深圳河污染和改善城市水环境等问题正式纳入治河合作范围。2004年开始，双方政府开始合作进行深圳河水面保洁。深圳方面建有专门的水面保洁码头，保洁员保持每天8小时的水面工作。更为复杂的深圳河污染底泥处理策略研究，也在2008年正式启动。

能不能更快一点？“两湾运河”还是一个热门话题。2005年，深圳市水务局在回复人大代表建议时透露，自贯穿工程在1996年提出后，深圳方面进行了多项可行性研究，包括工程本身的可行性研究，还包括“引清冲污”的可行性研究。更为重要的是，委托科研机构进行了环境影响评估，厦门大学应邀进行了深圳湾生态环境专题研究，香港科技大学的专题研究更是关注米埔自然保护区。

在2005年的答复中，可以看到研究已经有部分结论。谈到防洪，答复称“更应在非程措施上多做文章”，比如增加下垫面透水层。在技术层面，“运河说”被告知不是一个理想的治污选择，答复称：“无论是

水面保洁作业

贯通方案还是引水方案都存在污染转移的弊端，并不能从根本上解决污染问题。”



水务部门委托专业院校研究发现：即使贯通方案能利用海水潮汐差，并通过两端设闸调制水流方向，可以实现深圳河水意向流动，但两湾潮差小、动能弱，导致河道水体交换量小，仍难以实现治污目标。

最为关键的影响在于生态环境。答复透露，经专题环评研究，引大鹏湾海水入深圳河，将引起深圳河湾水体盐度的升高，改变深圳河湾的生态群落，对福田和香港米埔自然保护区存在不利影响。

## 南山运河再连珠江口

2008年，深圳大学有学者提出了一个补充方案，建议开凿南山运河，引伶仃洋淡水冲淡大鹏湾咸水。

世界大学生运动会将在3年后举行，学者的构想是一个献礼方案。这，可能是“两湾运河”最后一次引起关注。

提议者表示，当年梧桐山运河的搁浅，原因是大鹏湾的海水盐分高，贯通之后会造成深圳河河口的红树林退化，甚至大面积死亡。南山运河找到了对冲的解决之道，即通过修建一条穿越大南山到达珠江口的人工运河，可以引伶仃洋淡水冲淡大鹏湾咸水。

已经担任罗湖区政协副主席的原深圳治河办主任林万泉，在接受记者采访时表示方案“行不通”。在这次采访中，大体可以看出多年研究形成的主流意见：一是经济成本，从沙头角到深圳湾有50公里，距离远，其中三分之一是山地，开挖成本约在100亿元。二是地理条件，从莲塘到深圳湾的地势差只有44厘米。林万泉说：在实验室状态下，一滴水从莲塘到深圳湾据测算要8天。三是治污考虑，用海水冲淡深圳湾的污水，并不能治本。

此后，“两湾运河”处于被淡忘的状态，而深圳河河口的红树林成为城市新景观。深圳人为此骄傲的原因，在于经历如此高强度的城市开发，深圳依然还保留下了一块宝贵的城市湿地。欣赏深圳河口的风景，南侧是香港米埔自然保护区，北侧有红树林自然保护区，两边的自然保护区都是一派郁郁葱葱的景象，鸟儿自由自在地翱翔，河水静静地流淌。在深圳人眼里，这是自然的馈赠，已经不容打扰。

# 碧水流深何时重现

“碧水流深”，是2014年12月启动的一个环保志愿者项目，发起者是当时正式成立一年多的绿源环保志愿者协会。从关注深圳的受污染河流开始，然后拓展到东江流域，后来又扩大成“共爱珠江”，社会共治的“碧水流深”已经走出深圳，成为“珠联碧河”。

放在更长的时间维度进行观察，“碧水流深”道出了普通深圳市民的心声。因此，志愿者项目吸引了众多市民的参与。在这群热爱深圳的普通人眼中，超常规发展的深圳，有经济实力，有创新活力，有生态共识，有人文关怀，然而河流之污始终是难言之隐。



深圳河，便是“碧水流深”的期待焦点。所幸的是，重见碧水不再是一个遥不可及的目标，深圳河的治污已经迎来拐点，或许也将可以迎回“清河”“明溪”的称谓。

## 意外信号：深圳河水质回流三十年

2019年4月，深圳河爆出一条大新闻：深圳河水质稳定，达到了三十多年来最好水平。

据说，听到消息的记者第一反应是：这是不是假新闻？求证相关部门，工作人员表示刚开始自己也不相信，但是查了一下数据，发现还真是那么回事儿。

这是一个积极的拐点信号，但也不能过于乐观，毕竟在时间长河里回流三十年，20世纪80年代末期的深圳河，谈不上是一条清河。从《深圳水务志》的记述来看，那时的深圳河并没有达到五类标准。说白了，现在的好转，也就是刚刚达到及格线，只比最差高了那么一点点。

高了一点点，也是及格。数据显示，从2018年12月以来，深圳河水质已连续达到地表水五类标准，而且此后一直保持着稳定状态。此前，深圳河一直是劣五类，即地表水最差的那一类。其实几年之前，深圳河已经不臭也不黑，但是水质一直难以保持稳定。2018年年初，民间河长进行座谈，有关部门传递了一个积极信息：深圳河里发现了19种鱼类，早就不是鱼虾绝迹。水质的转变，在深圳河湾的滩涂上有着鲜活的体现：跳跳鱼、招潮蟹、反嘴鹬等数量逐年增加，特别是前来深圳湾越冬的濒危黑脸琵鹭数量，在那个冬天回升到了375只，约占全球总数的十分之一。

污染在水里，源头在岸上。深圳河水质能够回流三十年，得力于一连串的“水陆加减法”。

河里的“加法”是生态补水。让深圳河“循环起来”，需要进行人工生态补水。这项浩大的工程，最终还是在2017年完工了。深圳湾里的水泵到深圳河的上游，形成了人工第二源头。“减法”则是底泥清淤。2017年9月份，深圳河干流测算出共有污染底泥262万立方米，2018年的第一期工程清理了50万立方米，2019年的第二期工程大体相仿。

岸上的“加减法”更为有效。一方面是污水净化能力有提升，更关键的是“正本清源”产生的减量。水务部门提供的数据称，深圳河全流域2018年实施58项治水骨干工程，新增污水管网175.34公里，完成653个正本清源小区建设。

在相当长的一段时间里，深圳河都是污染黑榜上的头号选手。然而现在，深圳河悄悄地光荣“溜号”，走下了黑名单。

深圳河流域治理效果示意图（治理前）

深圳河流域治理效果示意图（治理后）

## 深圳民间河长：治污的第三只眼

对于治污，关注就是力量。深圳河水质的改善，离不开一项深圳创新——深圳民间河长。

2016年年底，国家开始全面推行“河长制”和环保督察。“河长制”是河流水污染治理的管理体制创新，也是黑臭水体治理的倒逼。“河长制”不同于以往的部门负责制，由行政领导接受考核并担责。

在深圳，河长制成为社会共治的创新。深圳河不仅有政府河长，而且有民间河长。深圳民间河长出自绿源的“碧水流深”项目。2011年，一群志同道合的环保志愿者萌发了一个美好的想法：成立一个专业化的环保团队。随着越来越多公益伙伴的加入，绿源环保志愿者协会在2013年8月注册成立。

在官网首页上，绿源号称深圳首家关注水污染的社会民间团体。会长黄幸达是深圳河边长大的福田村原住民。在他的讲述里，过去家门口的深圳河水质很好，就连邻村蚝民都要前来借地养蚝；至于村口的那条福田河，则是儿童们戏水的去处。虽然也曾有过洪水入屋的惨痛经历，但是记忆中的深圳河是一条清河。也正是出于这种朴素的念头，环保志愿者选择了“绿源”为名。



2015年，绿源环保志愿者协会培养了70名流域污染监督员，2014年年年底，绿源秘书长朱珠在做滨海湿地调查时常常发现河海有污水排入，于是发起了“共爱深圳计划——流域污染监督员”这个项目，邀请专家学者、律师给住在河海边的居民做培训，这些市民通过学习后可以客观地进行科学调研跟污染监督。当时不仅有给排水专家熊杨的加入，还有清华大学深圳研究院的张锡辉教授，更有环保律师陈旭绯的参与。团队力量日益增大，他们利用闲暇时间自发地进行河海口巡护，溯源调

2017年4月26日，首批深圳民间河长初选见面会

监督员取水样




查，进行垃圾清理。看到垃圾漂浮，他们会力所能及地进行打捞，无法清理则会报告给官方。另一项重要的工作是监督偷排污水，一旦发现立马上报水务局让执法部门进行整治。

“流域污染监督员”，便是“深圳民间河长”的前身。参与的志愿者，有人大代表、专业律师、政府公务员，还有深圳河边的武警边防官兵、土生土长的原住民、退休人员等。2015年的深圳“两会”，政协

给排水专家熊杨带志愿者巡河

志愿者走访观澜河

委员在大会发言中图文并茂地举牌“炮轰”深圳湾治污，绿源便是“弹药”的供应者。在走访多条深圳河流后，绿源相继发布了深圳河污染、深圳湾污染的调查报告。在媒体的报道里，这支环保志愿者队伍被称为“治污第三只眼”。

“做调查之前我一直以为深圳河环境很好，结果跟想象中大相径庭，好多地方污染都很严重。”一位参与的绿源志愿者说：在长达七八个月的17次调查走访中，时常看到排水口直接排出污水，并伴有恶臭。“岸边没有什么工厂，排放的基本都是生活污水。” 令人感到欣慰的是，对于志愿者的反馈，政府的回应很及时也很积极。

深圳关爱行动进行2018年度盘点，绿源是十大关爱事件的一个主角，事迹是“首批深圳民间河长上任，带动公众参与水环境保护”。这年的榜单上，绿源还是“十佳爱心公益机构”，评委会的评价是：积极推动公众实践环保生活，倡导市民为环境保护贡献力量，共创生态社区。成立至今，已有近6000名注册志愿者。其推动主导的“民间河长”项目为深圳治污工作提供了有力支持。

在同一年的评选中，还能看到同行者的身影。身为深圳市罗湖区疾病预防控制中心职员的欧阳煦，是一名充满爱心的自行车骑行爱好者，也是当年的十大爱心人物之一。他出任深圳市河小二护水骑兵志愿服务总队队长，当上了“深圳水库排洪河”志愿河长，组织开展了“河未来，益起行”护水巡骑活动。



## 争议截排：治污错失“黄金十年”？

深圳河的治污，前几年有一个怪现象：旱季时水质不错，雨季时大幅变差。按照一般情况来推测，雨季时水量变大，有利于自我净化，旱季流量变小，净化能力大幅下降。

反常情况，皆因人为。解释深圳河湾的污染，污水直排是一个原因，另一个原因则是深圳此前采用的“大截排”并未完全奏效。以南方某城市一条河流为案例，一篇专业文章如此介绍：“该河传统的治污策略是“以空间换时间”的沿河大截排，即用巨大的排水箱涵将两岸的雨水和污水收集后，送到污水处理厂进行集中处理。然而这也导致全流域水量失衡，上游径流量匮乏，枯水期断流；下游因污水厂尾水排放集

深圳河治理



中，且尾水中氨氮、总磷等主要污染物浓度依然较高，污染负荷总量大，流域水生态功能破坏严重。”明眼人都知道，这座城市，不是深圳，便是广州。

深圳河边长大的黄幸达，极度反感“大截排”。“一条河除了水面是正常的，其他三面都是水泥，这还叫河吗？这是排水沟。”黄幸达所说的排水沟，便是深圳小型河流的现状，甚至连水面都没有出现在地面，直接变成了一个暗箱。《深圳水务志》就写道：深圳特色的水文现象，那就是受到城市化影响，小河流水系紊乱，地表流和地下流混合。

绿源成员熊杨是知名的民间环保人士，也是全国排水委员会委员。

深圳河治理



2005年至2015年，深圳众多河流的沿河两岸都进行了“大截排”箱涵拦截工程，从而放缓了地面“雨污分流”的进程。河道“大截排”式的治污做法，在当时遭到了很多专家的质疑，熊杨便是其中的一位。在他看来，那十年是 “错失的黄金十年”，深圳治污一直在还历史的“高利贷”。

2017年，中央第四环保督察组向广东省委、省政府反馈意见：“在水污染治理方面统筹协同不够，一些地方治水工作急功近利，治标不治本，导致钱花了，活干了，但效果甚微。”深圳不是为首的被点名者，但也是其中的一个案例。督察组认为：“深圳在茅洲河等流域污染治理中，大量采取箱涵截污，导致清污不分、雨污不分，截污效果大打折扣。”让深圳市民感到意外的信息是：截至2016年年底，深圳市污水管网缺口达4600多公里，全市污水收集率不足50%。

这是一个悖论。数据显示，截至2015年年底，深圳全市已建成集中污水厂31座，污水处理能力达到每天479.5万吨，这还不包括众多的河道水质应急处理设施的容量。2016年，全市公布的污水实际产生量平均值为每天462.36万吨。单纯以数字来看，处理规模已经足以应对污水数量。在民间环保人士看来，“污水收集率不足50%”的结论恰恰说中了问题，那就是即使达到50%收集率，也不代表就能达到50%处理率。深圳的河道“大截排”箱涵建设，将进入河道的污水、雨水（包括基流）一并拦截，合流箱涵替代了污水管，许多污水厂都是从箱涵中抽水处理，而箱涵排水量远远大于污水厂处理能力。

历史的“高利贷”，收取的还有活生生的人命。2019年4月，深圳遇上一场强暴雨，在三个地段进行河道清淤的多名作业工人遇难。这固然是管理失误，但也透出一种无奈。熊杨在接受《三联生活周刊》采访时解释：“深圳的气候和城市规划决定了市区内的河流为雨源性河流，强降雨主要集中在夏季，小雨和基流被沿河两岸的‘大截排’箱涵拦截，河流没有生态性补水，因此采用了大量相当于地表水劣五类水质的再生水补充河道，河道腐臭淤泥较多，因此才需要赶在雨季来临之前清除淤泥。”



## 拐点已现：深圳河能否成为绿色福利

2019年4月，深圳河的水质达到三十年来最好水平，这是个案。到了2019年年底，好转成为普遍现象。

城市超常规发展引发了水污染问题，深圳310条河流中有159个黑臭水体，在全国36个重点城市中数量最多。到了2019年10月底，深圳水环境质量实现了历史性转折：深圳河流全面消除黑臭。曾经污染最严重的茅洲河，也在11月初达到地表水五类标准。

拐点为何出现？官方的解释是：坚定不移推行雨污分流，超常规补齐治污基础设施短板。

这里有一笔清楚的历史欠账：历史遗留建筑占全市总建筑面积的40%，造成水环境基础设施失衡。2015年，全市小区、城中村及市政污水管网缺口达5938公里，即使是31座污水处理厂拥有每天480万吨的总处理能力，但东西部分布不均衡，出现“吃不下”和“吃不饱”并存的局面。水务部门坦然承认，过去的治水经验教训充分表明，治水没有捷径，只有扎扎实实推进雨污分流，才能从根本上解决水污染问题。

2016年开始的新一轮治水，深圳牢牢抓住管网这个核心，“厂、网、河”一体推进，用超常规的力度和举措补齐治污基础设施短板。

一是先后三次提速污水管网建设进度。2016年1月至2019年10月，建成污水管网6207公里，比最初计划提早七年补齐缺口，其中2018年就建成2855公里，相当于“十二五”期间年均建设长度的10倍。

二是逐栋逐户推进雨污分流。虽然2007年启动了住宅小区内部雨污分流改造工作，但覆盖不全面，成效不明显，至2015年年底仅改造3362个。2016年以来，针对所有小区、城中村开展“正本清源”改造行动，以楼栋为单位扫楼摸排，建设污水管网“毛细血管”，开展雨水立管改造，确保污水应收尽收，截至2019年10月，共改造13085个，其中2018年就改造7146个，一年相当于前十年的1.4倍。

三是推进污水处理能力和出水水质“双提升”。2016年以来，新建及提标改造29座污水处理厂，新增污水处理能力每天166.3万吨，合计为每天624.5万吨，实际出水主要指标达到或优于地表水五类。建成25座分散式处理设施，规模也达到每天126.3万吨。两项合计，全市污水处理能力达到每天750.8万吨，是污水产生量的1.6倍。

四是打造覆盖全流域的生态补水系统。深圳水资源匮乏，人均水资源仅为全国平均水平的1/20，属七大严重缺水城市之一。为破解雨源型河流生态基流不足的难题，深圳完成138个水体的生态补水工程，充分利用污水处理设施再生水、湖库等资源，对河流实施生态补水，恢复河流水动力，提升水体自净能力。

迎来水环境质量的拐点，绿色福利提上日程。天空有深圳蓝，河流也将有自己的颜色。何为“绿色福利”？具体就是通过碧道建设，将河流两岸打造成健康的生态廊道、秀美的休闲漫道。

特殊的深圳河，会成为其中的一员吗？可以肯定的是，这将是一个新的话题。

治城中”，也就是现在的南头古城；大鹏守御所“在县治东北”，也就是现在的大鹏所城。如何“以备倭患”？“分筑墩台”是具体措施。花茂上奏的时间其实是洪武十七年，东
1375年）被押往南京斩首示众。有明一代，深圳地区倭患不绝，尤其嘉靖、隆庆年间最为惨烈。根据史书记载，千户李茂才、百户吴纶相继在隆庆年间战死，大鹏所城在隆庆五年
，强令居民迁往内地，禁止出海，形成“无人区”。此次“初迁”，新安县涉及范围多达三分之二，就连县治南头也在界限之内。康熙元年（1663年），清廷再度扩大迁海范围，
居民重返家园，新安就此复县。康熙二十二年，施琅收复台湾，全面复界也在第二年实行。清朝深圳地区的兵制大体沿袭明代，深圳墩台的作用，正是南头和大鹏两个军事重镇通
以率战兵约440人，尽管这个职位在清代地位下降，但也是录入营册的基层军官。按照《县志》记载，兵员千人的新安营设游击一员、中军守备一员、千总二员、把总四员、外委五
别较大。明代汛地相对较少，主要分设于边塞要地，主要目的是御外敌。在史书记载中，明代的南头水寨共下辖六处汛地，分别是佛堂门、龙船湾、格洛、大澳、浪淘湾、浪白。
深圳汛”显然是个大汛。清代两本《新安县志》修志相隔120年，从墩台升级至汛房，这从一个侧面反映了“深圳”的地位不断提升。至少，“深圳”在新安县是个要害之地。康熙
品）之说。从文字记载来看，深圳地区自元以来有过多次修志，大多流失，目前仅有清代两本《新安县志》存世。从康熙本《新安县志》等史书收录的文章来看，明朝万历、崇祯
被称为罗溪、滘水（窖水）。此外，深圳河也被称为明溪和清河。自1898年中英签订《展拓香港界址专条》系列文件起，“深圳河”之名第一次被正式记入文献，作为界河沿用至
南汝南，大约1000多年前来到东莞温塘定居。洪武初年，罗湖袁氏先祖袁彦安屡考不中，从东莞温塘迁至罗湖村隐居为乐。袁彦安与两个儿子在罗湖置田1700亩，建公祠，筑室居
”即深圳河，“梧岭”便是梧桐山。这也是有关深圳河最早的文字记载。此后的袁渔隐在《携客游罗溪作脍》一诗中称：“罗溪水长鳜鱼肥，同客观潮坐石矶”，他的另一首《游
。直到清朝初期，“罗溪”之名仍在使用。康熙年间，袁居易撰写《袁氏家谱序》，仍将深圳河称之为“罗溪”。嘉靖年间文献称谓“滘水”明朝中后期，深圳河开始有了官方正
安县》记录称：滘水，在城东四十里，发源于梧桐山，西流曰“钓口河”，北出曰“大沙河”，二支分流，至滘山合流而西，曰“滘水”，经横岗山，透迤四十余里而入后海。
，在城东四十里，发源于梧桐、莆隔、龙跃头诸山，西流曰钓日河，北出曰大沙河，二支分流，至滘山合流而西，曰滘水，经横岗山，透迤四十余里，入后海。” 康熙年间的记
是梧桐河。嘉庆本《新安县志》关于深圳河的描述更为细致，“右莆隔左龙跃”的说法点出了深圳河两条支流，原文记载如下：“滘水，在城东四十里，发源于梧桐右莆隔左龙跃
一直是现时的皇岗山所在。至于“滘山”，应是罗湖山。1979年深圳建市后，遭遇一场特大洪水，东门老街到火车站一片地区漫成泽国。第二年，深圳市政府决定搬掉50米高的罗湖
的深圳河，并未能够严格区分入海口，因此深圳河入海的深圳湾也就成了深圳河的一部分。对于大沙河，嘉庆本《新安县志》描述明确：大沙河，在城东北数里，发源阳台、丫髻
上河、双鱼河、新田河和平原河，在深圳一方则有沙湾河、莲塘河、布吉河、福田河、皇岗河。皇岗河是深圳河入海前的最后一条支流，至于常被误认为属于深圳河支流的新洲河
。究其原因，是英国强租新界后于1899至1903年间进行地理测绘，执行这项任务的是印度测量人员。于是在新界地图上，印度河流的名称频频出现：双鱼河是梧桐河的支流，英文
深圳河”何时第一次出现？时间是1898年，和中英《展拓香港界址专条》有直接关系。1898年6月9日，英国迫使清政府签订了有关香港的第三个不平等条约——中英《展拓香港界址
府。在骆克的这份报告书里，第一次出现“深圳河”的名称。研究者曾对香港大学图书馆、广东省立中山图书馆、中山大学图书馆、深圳图书馆、深圳大学图书馆的古籍和历史档
国便在1898年提出了香港“拓界”，并租借威海卫。1840年英国发动鸦片战争，强迫清政府签订《南京条约》，割占新安县所属的香港岛；1856年英法联军发动第二次鸦片战争，
应该扩展到大鹏湾，从那里伸延到后海湾。1898年4月，英国驻华公使窦纳乐向清政府总理大臣李鸿章出示了展拓界址的地图，海上把环香港岛周围的岛屿都纳入租借范围，陆地则
海至深圳最短距离直线以南、九龙半岛界限街以北的大幅土地，还包括235个大小岛屿以及大鹏湾、深圳湾水域。此次强租陆地面积约975平方公里，后被称为“新界”，较原香港
耕地、岛屿、人口、村庄、居民、工业、现有道路与桥梁、建议修筑的道路、电线、铁路……可以看出，骆克想得极其全面，建议的那条铁路便是日后的广九铁路。其中的“水系
山，西南流，在深圳以西汇入主流；东部支流源于沙头角海的丘陵，向西流，在深圳以东汇入主流；南部支流发源于大埔墟以北的九龙坑，西北流，在深圳下游一英里处汇入主流。
汽艇均可通航。河口的沙洲约有6-7英尺厚，据说退潮时只有3英尺厚。”直接使用“深圳河（Sham Chun River）”的名称，《香港殖民地展拓界址报告书》是最早的文献。这份文
深圳再从该地沿道路至沙头角海的实际距离大约是十三英里。”骆克认为这一边界线容易遭到激烈反对，一是将“以深圳为中心的河谷一分为二”，二是村庄之间的用水权之争将
约的山脊。”港英政府工务局长奥姆斯比提交的报告也称，反对按照《专条》粘附地图“人为的简单直线”确定北部陆界，而是应该主要按照山脉河流的“自然界限”。这个“自
河”是条被强占的界河“深圳河”成为界河，要从1899年3月11日说起。这一天，中英双方开始展开“新界”北部陆界定界谈判。中方定界委员叫王存善，官衔是广东省补用道。英
深圳与沙头角都将划归英方。根据书信记载，骆克和王存善当时一起见了港督卜力，而卜力根据骆克的建议反复向王存善推销“自然界限”。在给英国殖民地部大臣张伯伦的信中
获转让的话，租界区里习惯了依靠这些地方（墟市）的中国居民便会与之隔离。”3月14日，谈判进入第二回合。王存善传达了两广总督谭钟麟的意见：“深圳设有炮台，沙头角是
及沙头角留在中国领土以内。”在王存善表示这是让步“极限”后，骆克表示“应以深圳河北为界”，即将“整条河流划在英方界内”。在骆克提出深圳的归属事宜留待北京讨论
进行勘界。3月17日，双方留下了一张合影。在那张照片上，左侧的王存善穿着深色马褂，双臂下垂低着头颅，一旁的骆克穿着深色的西装，右手扶在“大清国新安县界”的木牌
湾英国东经线一百一十四度三十分潮涨能到处，由陆地沿岸直至所立木桩，接近沙头角即土名桐芜墟之西”。这一天，骆克还给卜力写了一封信，信中不无得意地写道：“我很高
全掌控，租界的发展将会面临很大的困难。”1899年3月19日，王存善和骆克在香港签订了《香港英租界合同》，“深圳河”以界河地位出现于官方文献。从此，深圳河因其特殊
“骆克是个能干的苏格兰人，身材矮小，咄咄逼人，很少能够容忍笨人。他以官学生身份前来香港，已经在这个殖民地工作了18年。”骆克是有名的中国通，他自己起的中国名
大学，1878年因成绩优秀被指定为港英政府内部见习生。1879年年底到达香港，1883年任港英政府税收督办，并在1895年升任为地位仅次于香港总督的辅政司。不过，骆克并没有
条原则，即“尽可能地利用现存机构”“尽可能地保持中国人的生活方式”“在英国的统治下尽量维持中国的现状”。在威海卫的十九年间，骆克以此作为管理威海卫的基本准则。
他读过《论语》《易经》《大学》《中庸》《左传》《资治通鉴》等等汉语经典论著，尤其值得一提是，骆克可以用英语同中国怪才辜鸿铭探讨哲学和文学，档案里留下了厚厚一
界河的那一年，王存善恰好50岁。在近代史上，王存善以藏书著称。王存善祖父王兆杏曾任浙江德清教谕，建有藏书楼“知悔斋”并编有《知悔斋总目》，编纂有《昌化县志》20
令人惋惜的是，王存善日后被提及最多的身份，是大汉奸王克敏之父。王克敏是晚清举人，曾任北洋政府财政总长，一直是对日妥协派。1937年抗日战争爆发后，王克敏出任日
流入后海湾，全长约27.5公里。”这段文字出自香港渠务署的《治理深圳河计划》，落款时间为1997年5月。深圳河发源于梧桐山牛尾岭，由东北向西南流入深圳湾，全长约37公里
源头位于梧桐山；而在深圳方面的表述里，深圳河干流的上游为沙湾河，源头位于牛尾岭。“惟长为源”确定牛尾岭无论是康熙本还是嘉庆本的《新安县志》，深圳河的源头都指
“梧桐山在县东六十里，三峰秀拔，周匝数十里。山阴垂距东洋，山阳延袤境内。顶有天池，深不可测。多梧桐异草，山下有赤水洞。”现在的梧桐山风景区有天池，但离“深
和界河直接相关。在地图上，深圳河是指三岔河以下河段。三岔河的起点位置，便是深圳河两大支流沙湾河和莲塘河的汇合处。作为界河的深圳河，包括了深圳河以及支流莲塘河
是深圳河的支流，作为界河一部分的莲塘河长度只有12公里，和布吉河、沙湾河的长度差距明显。当中最长的沙湾河，则是20.9公里。沙湾河是深圳河的干流，但深圳河的源头究
与交界，大体东西走向，其东侧是平湖的上木古，西侧是布吉的甘坑，机荷高速公路从其南面经过。在媒体公开报道中，王若兵绘制了一份草图，发源于牛尾岭的小溪流，东坡的
有东深引水工程。沙湾河的概念已经被深圳水库所取代。现在的地图上，深圳水库到深圳河的沙湾河河段，标注是“深圳水库排洪河”。2016年12月，《深圳晚报》和相关部门曾
的清澈甘冽，我当时并不知道这是深圳河的源头。”至于牛尾岭是深圳河发源地的说法，在报道中出现的上木古社区党委副书记蔡国欢表示，也是后来听人讲起才知道道，因为当时
源头。相关报道写道：原本以为可以看到溪流，却不想源头已经成为暗河。落在牛尾岭的雨滴便是深圳河的第一滴水，雨水往南流入黄牛湖水库，再流入沙湾河河道，沙湾河流经
该有开说，他小时候就曾跟着小伙伴们一起沿着北边的山坡溯溪流而上，哗哗的水流从山体涌出，发现这个“不为人知的秘密”让大家都兴奋了好久，“不过，1992年水库建起后，
水、夜间露水、湿气凝聚而成，源源不断流入深圳河。深圳河流的第一滴水就是来自这里的一滴滴雨露，之后牛尾岭的降雨顺着山坡汇聚到黄牛湖水库，再从水库的排洪口进入沙
梧桐山牛尾岭南坡，找到两个小而浅的石坑，形如葫芦瓢，上侧坑内是几块垒起的山石，都不大，生着些湿苔，石隙间有水渗出。石头的罅隙间，扎着一小段竹片，水流沿着竹槽
倒也清澈，大家纷纷接水、掬水而饮，品味深圳河源头水的甘冽。人大代表提议树立“源头碑” 马继远的文章以此结尾：“我查看手机地图，在这源头附近，找不到河道的影
两个名字，一个叫明溪，另一个叫清河，都在清代两部《新安县志》中不曾被记录。寻找深圳河的源头，初衷都是为了唤起那份清流的记忆。从牛尾岭暗河流出后，能见到明河的
直我都能收获一箩筐，那鱼肉的鲜美还一直让我魂牵梦萦”。如今看着眼前泛黄的河水，他皱起眉说，“20世纪80年代后期，周边工厂拔地而起，污水直接排放到河中，河水变得
以看到乌龟、小鱼小虾游来游去。那时候，人们经常在河边洗菜、洗衣服。改革开放后，上木古村建了很多牛皮厂，宰牛后产生的血水、废水都直接排到河里，慢慢地河水发臭变

洪武二十七年。设立两座所城，防御的正是“倭患”。朱元璋开国之后，倭寇便已侵扰广东一带。《太祖实录》有着这样的记录，因为怠慢军机，潮州卫指挥佥事李德等将领，

40余天。清代所患，并非倭寇，而是郑成功的势力。为了断绝东南沿海的支援，清朝顺治十八年（1661年）颁布“迁海令”，深圳地区正是重灾区。所谓“迁海”，就是在沿海

了24个村庄。迁海之后，新安县域所剩无几，于是在康熙五年被撤，并入了东莞县。建于康熙七年的深圳墩台，正是这一特殊时期出现的基层哨所。康熙八年，清廷下令展界，

汛”表明“深圳”是要地康熙年间的“深圳墩台”，嘉庆年间已经升格为“深圳汛”。嘉庆本《新安县志》记载称，新安营属下的深圳汛有把总一员。把总在明代是个正七品的

了六个汛房，只有深圳汛标注配备了一名把总。三年后完成修志的道光《广东通志》记载称，深圳汛有防兵十六名，把总一员，外委一员，拨兵三十名。汛是明清两代的军事单

治内。历史学家罗尔纲总结称：“绿营设立汛地，其作用有四种：缉捕要案，防守驿道，护卫行人，稽查匪类”。深圳汛的作用，不外如此。相较于通常只有十名左右士兵的

巡检廖膺宠，是另一个例证。按照官职的解释，明清时凡镇市、关隘要害处俱设巡检司，归县令管辖，一般秩正九品，有的地方还有文武巡检之分，有县派出机构之职能，亦有

佚”。无论是“深圳墟”还是“深圳汛”，史书中只有寥寥数笔，留下了大段空白。“深圳河”古称“罗溪”“滘水”　先有深圳的地名，再有深圳河的河名。在不同历史时

据目前可考证的早期资料记载，深圳河在明代被称为罗溪。研究者的依据是深圳河畔罗湖村的族谱《袁氏家谱》。位于深圳火车站东侧的罗湖村，建村历史可追溯至明初。罗湖

之祖。在《袁氏家谱》里，记载了多位明朝初期先人的诗词，名为“罗溪”的深圳河一再出现。开基第二代传人袁百良的《卜居》称：“罗溪水长渔歌晚，梧岭峰高月吐迟”，

还深，上有乔松百尺阴。何必更寻幽曲处，一竿明月可长吟。”袁皓的《晚兴》一诗，更是记下了三个深圳地名：“梧峰吐月映罗溪，缟带飘飘赤勘西”，其中的“赤勘”便是

有变化的记载，是清雍正年间郝玉麟修、鲁曾煜纂的《广东通志》，深圳河在其中被称为“窖水”。“滘水”的最早记载可见于明嘉靖年间的官方文献。《广东通志初稿·广东

# 相关附录

”，是现在的南头古城。至于“钓口河”的表述，应是刊印有误缺，在此后的记载里都　志》关于深圳河的记载，则更进一步点出了发源地。原文

支流的发源地。现在的布吉，彼时还叫莆隔，而龙跃头，则是现时香港的上水。从布　梧桐山流出的则有莲塘河；从现时香港区域龙跃头双鱼

北出曰大沙河，二支分流，至滘山合流而西，曰滘水经后黄冈，逶迤四十余里，入后　百年间并无多大差异。比如“横岗山”的称呼变成“黄

高低洼地，这片土地便是现时的国贸一带，罗湖也从此不见“湖”。大沙河为何成了支流？关于深圳河的文献记述里，大沙河成了一条重要的支流。对于这个明显的误读，原因

三十余里至白石入后海。以深圳河水系来划分，大沙河是自成一体，并非支流；若以深圳湾水系来划分，大沙河便是第二大河，仅次于深圳河。水系图中的深圳河，在香港一方

河流水系。关于深圳河支流的命名，还有一个特殊的印度元素。比如香港地界的梧桐河，英文名字叫River Indus，直译就是印度河；还比如平原河，英文名字叫River Ganges，和

北部的比斯河重名，而比斯河也是印度河的支流；梧桐河的另一条支流丹山河，英文名称为River Jhelum，同样和印度河的支流杰勒姆河重名。不平等条约催生“深圳河”作为

管和统治新界的需要，急派时任港英政府辅政司的骆克（Stewart Lockhart）赶赴新界进行调查。经过近一个月的调查后，骆克写成《香港殖民地展拓界址报告书》，并于1898年10

之前并无书籍记载“深圳河”这一名称。骆克报告书首提“深圳河”1898年的《展拓香港界址专条》，是英国趁火打劫的产物。此前的中日甲午战争，清军惨败，诸强纷纷提出

九龙半岛界限街以南的地区。驻港英军始终认为，必须进一步扩大范围，以“维护香港的安全”。1894年，时任港督威廉·罗便臣向英国殖民地大臣递交“拓界”报告，报告指

一条线，线以南地区全归香港。这张地图，便是《展拓香港界址专条》粘附地图。在此后的若干文件中，又被简称为“《专条》粘附地图”。根据《展拓香港界址专条》，英国

的《香港殖民地展拓界址报告书》，便是对“新界”地区的一次摸底调查。文件的第一条便列出了报告书的内容：新界的面积、港口、山脉、流域、水系、灌溉、土壤、产品、

圳河”的名字。报道称：“水系和山系一样，分为南北两个部分。该地北部的主要河流和该地最大的河流是深圳河。深圳河有北、东、南三条支流：北部支流起源于东莞县和新

的山溪，其可贵之处是为流经的耕地提供灌溉的水源，不过，它们没有商道价值，其水太浅，即使小船也不能航行，深圳河自深圳镇到河口一段，潮涨时宽60到80英尺，深7到12

圳河的地理、人文、经济特征做全面综述的文字记录。骆克在报告书里提到：“《专条》粘附地图标出的边界线是一条从海到海的最短的线，从地图上计算是十一英里。从深圳

骆克在报告书建议：“两个国家之间引起摩擦最少的边界，不是有一条宽深的河流，就是有一个构成不同河谷的分水岭的山脊。新安县内没有一条可构成边界的宽阔河流，但是

而是新安县北部的群山。在现在的深圳地图上，大约就是塘朗山至银湖山至梧桐山一线。按照这个方案，九十多年后成立的深圳经济特区都将属于新界，“深圳河”不再是一条

理相关文献，骆克与王存善的谈判至少经历了三个回合的交锋。在第一回合中，王存善主张信守《专条》粘附地图的约定，而骆克则抛出了“自然界限”说，提出以山为界。按

摆明，深圳和沙头角划入租界范围内无论对于中国还是这个政府相互都是有好处的。我还向他指出如果是这样，这些地方仍会向中国人做最大限度的开放，就像目前这样。但如

提出的边界线。王存善的建议是：“以深圳河南边支流为界。”骆克对此的反应，是威胁拒绝谈判。在第三回合，王存善提出了妥协方案：“从深圳河口直到该河河源，再到沙

骆克本人事后承认，英国“完全控制了那条在《专条》粘附地图上没有包括在英国租借地内的河流”。这条河流，便是深圳河。3月16日至18日，王存善、骆克一行沿深圳河河源

还有奥姆斯比以及英方专业测绘人员，华人面孔大多是从当地雇佣的杂役。这个界桩，是新界北部界限的起点，也就今天所说的“一号界碑”。在双方两天后签订的文件里，地

难后，我已经说服中国定界代表同意将深圳河北岸至源头作为英国和中国两国领土间的边界。在新的拓展中能够取得对那条河的完全掌控，对于我来说是很满意的……如果没有

为世人熟知。两个签约人都是文化名人签署《香港英租界合同》，骆克时年41岁，王存善时年50岁。讲述《展拓香港界址专条》签订时期的香港历史，弗兰克·韦尔什在所著的

的名称叫“骆壁”“骆檄”“骆任廷”。从职业履历来看，骆克有着远比一般殖民地官员光鲜的背景。骆克1858年生于苏格兰的阿及尔郡，自幼就读于爱丁堡的沃森学校，1875

强，骆克与时任港督卜力在工作上产生矛盾，于是放弃升任总督的机会，主动要求前往威海卫。1902年，骆克被派往威海卫任行政长官。在《香港殖民地展拓界址报告书》中，

敦，潜心中国文学研究。同年，港英政府在铜锣湾一带填海。为表彰骆克，填海区域中的一条滨海道路被命名为骆克道。　骆克于1937年去世，时年79岁。在骆克留下的读书笔记

母校沃森学校，他捐赠了满满一屋的收藏文物，藏品中有春秋时期的铜鼓、宋代的釉盘等等。此外，他非常崇拜孔子，1903年访问过曲阜孔府，成为孔府接待的第一位西方人。

，光绪年间曾署知南海，官任虎门同知，并管理广州税局。1900年，王存善迁居上海。辛亥革命后，王存善出巨资购得众多流散的图书，“知悔斋”藏书共达20余万卷。1916年

国临时政府行政委员会委员长，成为与汪精卫齐名的投降派。抗战胜利后，定性汉奸的王克敏于狱中自杀。　深圳河的源头在哪里？“深圳河发源于近伯公坳的莲麻坑东面，沿港

述。两个版本的地理表述差异明显，根源却在于源头不同。深圳河的干流并无争议，起点就是沙湾河和莲塘河交汇的三岔河口。争议在于上游：在香港方面的表述里，深圳河上

《县志》里，都留下了梧桐山和“梧岭天池”的记载，而且将“梧岭天池”列为“新安八景”之一。一个名叫李可成的清朝诗人，更为“新安八景”一一留下了七言律诗。康熙

本的《县志》重复了康熙本的文字，只增加了一句话：“邑之祖龙也。”或许是“祖龙”之说，深圳河的源头一直和梧桐山相联，还隐约与天池挂钩。在香港方面的表述里，深圳

面一直认为莲塘河是深圳河的干流，从而将莲塘河的发源地梧桐山定为深圳河的源头。确定河流源头有一个原则，叫“惟长为源”，简单来说就是比长度，最长的支流便是源头

才正式揭晓。根据深圳水务专家王若兵的说法，当年深圳进行了一次考察，以“惟长为源”为准，确定深圳河发源于梧桐山牛尾岭南坡。牛尾岭是一座海拔214米的山岭，位于龙

深圳河的支流布吉河，西南坡的汇入深圳河的上游沙湾河。这个“惟长为源”的地理发现，改变了很多“老深圳”的原有观念。一个重要的原因是，1959年在沙湾河上修建深圳

在报道中，上木古社区的老村民蔡炳仁老人回忆称，小时候常常跑到牛尾岭放牛，那时山上多有清泉冒出，渴的时候随手一掬就有水喝了。老人说：“那是一条沙河，从山上流

个，“一个在深圳，一个香港，后来有考察团证实牛尾岭才是深圳河真正的发源地。”最远的水是牛尾岭的雨滴　在《深圳晚报》的活动之前，深圳的《晶报》在2013年8月便已

。在上李朗生活了40年的凌育开是黄牛湖水库的管理员。他表示，原来水库所在地是一片田地，有一条从水库北边牛尾岭顺流而下的小溪流。“小时候我们还可以‘探访深圳河

。”　三年后的再度寻访，同样没有找到河流的痕迹。《深圳晚报》引用深圳市水务局专业人士的话称：“深圳河源头的牛尾岭，不像长江黄河的源头，由雪山冰川的融水汇聚而

到的最上游的沙湾水。”参加《深圳晚报》活动的市民中，有一位名叫马继远的公务员。在《深圳特区报》的副刊版，马继远发表了《走近深圳河》一文，详细记载了这一次的

下面的石坑，聚成一小潭水，约两个面盆大小，一指深浅。同去的平湖街道上木古社区蔡炳仁老人讲，我们今天运气好，源头主要是靠雨水，平时在枯水期，潭水早干涸了。那

河道被遮盖或填埋了。无论如何，在牛尾岭，能找到这一潭水，都值得庆幸。我也便相信，这里是深圳河的源头，是深圳河的初心所在。”历史上的深圳河，有过许多名字，现在

013年，《晶报》记者采访到时年74岁的丹竹头社区退休干部凌辉明。18岁时，凌辉明离开河边的家参与深圳水库建设，完工时带了不少渔钩、渔叉和渔网回家，而且“那时鱼特

”他还说，别说下河戏水，就连鱼儿，有的被毒死，没毒死的鱼肉也是臭的。　2016年底的报道，同样有着蔡炳仁老人的感慨。他说，小时候河沟里的水可以直接喝，很甜。河

深圳河成为了深圳之痛。　2017年1月的深圳“两会”，市人大代表吴滨建议将深圳河定位为“母亲河”，并在其源头树立“源头碑”。吴滨表示，“环境变好，这就是我们共

# 沧海桑田深圳河

有人说，深圳市名源自深圳镇，深圳镇名源自深圳墟，深圳墟名源自深圳河，而深圳河是一条又小又浅的“河沟水圳”。此话说对了一半。至于深圳河是否是小水沟，人们只看到今天被深圳水库、笔架山水库、马泻（梅林）水库等截流后的近乎干枯的河流，而没看到古时“深圳河，沟深浚，凡遇雨海潮涨，往来维艰，更有不知深浅，动遭淹溺”的真实情况（见清康熙本《新安县志》）。

远的不说，先听首耳熟能详的歌吧：“小河弯弯向南流，流到香江去看一看……”罗大佑一曲委婉温润的歌一面世，就“流进”深港人民的心里，也“长流”在华人世界的乐坛上。这首歌里的“小河”，是否指深圳河，我无法去宝岛向大佑先生讨教，然而深圳河确是“南流”香港，成为深港的界河，而且是最长的一条河。

也许这界河历史很短。它始于176年前的一场鸦片战争。众所周知，这一片硝烟卷裹着英国殖民主义者占据了香港九龙，不久清廷又被迫签署《展拓香港界址专条》，深圳河入约。从此，“深圳河”为世界熟知。

## “罗溪”“清河”“滘水”都是它

深圳河的历史多久远？1960年编印的《宝安县志》（油印本）载：“深圳河，又名清河，因河上游植被较好，草木茂盛，清水河清而得名。主流发源于布吉伯公坳，它汇合了发源于梧桐山的沙湾河和发源于打石坪的布吉水两支流而从深圳出海。”深圳河全长37公里，流域面积312.5平方公里，其中深圳一侧187.5平方公里，香港一侧占四成，有125平方公里。经后来勘测，深圳河有3条主要支流，一条是发源于平湖上木古村和布吉甘坑村交界的牛尾岭（海拔214.2米），山不高，却是东江水系和珠江水系其他干流的分水岭；牛尾岭东坡的小溪流汇入东江水系，牛尾岭西坡的水汇入深圳河的支流布吉河，西南坡的汇入深圳河的上游沙湾河，是距离最远的水源。第二条支流，是发源于梧桐山（海拔943米）南麓的梧桐河，流进香港境内上水河、木湖和新田河，经打鼓岭转入深圳河。第三条支流是发源于羊台山（海拔587米），南面水系流经白芒、塘朗和西沥的大沙河。于是，这条界河在深圳一方的有沙湾河、莲塘河、布吉河、福田河、皇岗河、新洲河和大沙河；在香港一方有梧桐河、石上河、双鱼河、新田河和平原河。

沧海桑田，河流变迁。上溯到300多年前，清康熙本《新安县志》就有深圳河的记载：“滘水，在城东（南头县城，笔者注）四十里，发源于梧桐、莆隔（今布吉）、龙跃头（今香港上水）诸山，西流曰钓日河，北出曰大沙河（今大涌），二支分流，至滘山合流而西，曰滘水，经横岗山（嘉庆本《新安县志》为黄岗，今福田皇岗村），逶迤四十余里，入后海（今蛇口后海）。”

由此可见，深圳界河古为滘水河。“滘水”即是古时的“清河”。清河之前，曾叫“罗溪”。明代早期罗湖村开基第二代人袁百良，在他《卜居》一诗中载有“罗溪水长渔歌晚”；这是目前深圳河最早的文字记载。后来由罗溪更名为滘水，则是在清代康熙迁海之后（见彭全民《深圳掌故漫谈》）。

从罗溪、滘水、清河，到深圳河的名称演变，据说是因为常年飓风骤雨，山洪暴发，河水泛滥，深圳河两岸形成许多“陂堰”（湖水山塘），如石湖陂（今香港上水）、沙塘陂、石陂、黄壳陂（今黄贝岭）等（见清嘉庆本《新安县志》）。陂堰蓄洪排涝，截散流水，此时宽大的“清河”变成水深的“浚河”，是否因当地方言“清浚河”演变成“深圳河”，不得而知。但它继续汇合沿途的梧桐河、沙湾河、布吉河、平原河和大沙河等，入深圳湾，出珠江口，连接浩瀚的南海。因此，有关研究说从前的深圳河湾也曾被视为深圳河。

## 民国时期深圳河的灯红酒绿

深圳河湾如果是深圳河，这河倒真不小。

明万历《广东通志》（1602年）查有麻雀岭渡、罗湖渡、下埗渡、白石渡和黄岗渡等“横水渡”及“长河渡”渡口的记载。古时深圳交通主要靠水运，南澳、大鹏、葵冲、盐田、香港、九龙、屯门、南头、西乡、福永、沙井、松岗固然可以海运；就是罗湖、福田一带，也可以通过深圳河连接珠江口，从深圳墟的麻雀岭渡（今莲塘与罗湖桥之间）或下埗渡乘船，或经皇岗渡、白石洲渡、南头渡出海，直抵汕头和广州各地。资料显示，1950年前大沙河可通船只，从蛇口的船可经大涌河至西沥、白芒来往运沙石、山货及海鲜特产。更令人惊讶的，深圳河在罗湖桥一段下游，曾经有过灯红酒绿、花艇游弋的繁华岁月。

据一则民国史料披露，20世纪20年代末，有个叫“郑六叔”的人在深圳墟上大街开了间专营赌博的大利公司。“郑六叔”的背景很硬，他的兄长是广东省税捐局局长关道的心腹。大利公司除了上大街的赌摊，还在深圳火车站旁边，搭起了一座大棚作为大赌场，港客当天来回，甚感方便。大利规定，赌客无论输赢，一律提供回程路费，再不怕输光回不去。此招一出，生意滔滔。不久，税局长关道下台，大利公司失去了靠山，广东大军阀陈济棠的哥哥陈维周、小老婆莫秀英，乘机收购了大利公司，在大赌场原址盖起了一座宫殿式的“深圳大饭店”，取名“又生公司”。后来陈济棠反蒋失败，又生公司被香港一家雄厚资本的代理人傅老榕买断，并且一统深圳十数间赌场。地处深圳河边的大赌场兼营大烟馆，集赌、吹、嫖全套服务。直至1939年春，日军飞机轰炸罗湖桥，又生赌场被殃及，傅老榕跑到澳门继续开赌馆。

有点扯远了，为证深圳河之“繁华”。然而，它还有令人荣耀的一面，就在1976年那“不爱红装爱武装”的岁月里，我亲历在解放路人民桥至嘉宾路水闸口的深圳河河段举行“军民千人水上游行”，隆重纪念毛主席畅游长江10周年。

那时候的深圳河，虽不见明代“水长渔歌晚”，但丰盈、清澈、鱼跃虾欢……

廖虹雷，《深圳商报》，2017年1月13日（有删节）

# 粤港边界30年

也许我们可以说，是曾经汹涌的逃港风潮，为中国改革开放最为重要的决策之一——设立经济特区，做出了深刻而令人心酸的铺陈。

粤港边界上的偷渡逃港事件，自1951年封锁边界以后，就没有停止过。偷渡风潮来得最为猛烈的是1978—1979年。

研究者称，逃港最多的宝安县，1978年1—11月共外逃1.38万人，逃出7037人。由于大批人员外流香港，宝安县丢荒土地20多万亩。逃港者中甚至包括许多基层干部——宝安县逃出大队、小队干部121人，党员29人，团员161人。



1978年夏天，有几万人涌向深圳等待外逃的机会，收容所人满为患。卷入逃港风潮的不只是边民，遍及广东全境。在广州，凡家有偷渡成功者，皆鸣鞭炮祝贺。

境内外巨大的经济差距，是逃港者的动力所在。1978年广东全省农民人均收入仅77.4元人民币，与香港仅一河之隔的深圳农民人均收入也只有134元人民币，而河对岸的香港新界农民同期收入为1.3万元港币。

偷渡事件惊动了北京。来到宝安调研的中央和广东省领导人，被深港两边的发展落差深深震动。他们明白，反偷渡，堵解决不了问题，根本的办法是放宽政策，发展经济，缩小两地的差距。

1977年11月，广东省委将“逃港”热潮作为重大恶性政治事件，向正在广州视察的邓小平作了汇报。邓小平听后说了两句话：“这是我们的政策有问题”“此事不是部队能够管得了的”。

当一切开始回归常识，当人的正当需求被重视，变化就这样发生了。

1978年四五月间，国家计委副主任段云率团考察港澳，回京后向中央建议，把靠近港澳的广东宝安、珠海划为出口基地。中央同意，“说干就干”。广东省委迅速行动。

习仲勋到深圳、珠海视察，要求发展农村经济，改善农民生活，尽快缩小深港两地差距。

他还提出几条新措施：让香港资本家进设备开采沙石出口，收入两家分成；吸收外资搞加工业；恢复边境小额贸易等。他鼓励当地干部说：“只要能把生产搞上去的，就干，不要先去反他什么主义。他们是资本主义，但有些好的方法我们要学习。”

与广东省不谋而合的，还有香港招商局提出的建立蛇口工业区的方案。

其后的事情，中国人都已十分熟悉。

到了1980年，当特区受到非议时，在中央工作会议上，任仲夷还举出逃港者的例子，力证办特区的好处：“以与香港一街之隔的沙头角公社为例，全公社当时人口1300多，中华人民共和国成立以来往香港外流的2600多人，等于两个沙头角。前几年，每年外流120多人。从1979年开始，外流大大减少，到了1980年，不仅没有出走的，以前去到香港的人还有些要求回来。”

其实，改革开放后最早引进的境外资金中，相当一部分与当年的逃港者们密切相关。

逃港者曾经汹涌，继而消失，并且归来——我们正是想用这些充满戏剧性的故事，为改革开放的动力做一个意味深长的注脚。

新华社《瞭望东方周刊》，2008年12月11日（有删节）

# 香港：40万人的角色

考察香港“黄金20年”的历程，逃港者扮演了一个不可替代的角色。

一张香港人民入境事务处的统计表，记录着1970年至1980年间内地非法移民的数字。10年间一共447695人，其中261447人符合当时留港居住条件。这是自1949年以来，香港迎接的第三波大规模逃港潮。

上一次逃港潮由1959年开始，至1962年达到顶峰。其间至少有14.2万名内地人非法进入香港。除了1962年“5月大逃港”高峰期的逃港者被立即遣返，其他人几乎都获得了合法身份。比20世纪50年代末更早，人们记忆中的大规模逃港是1949年至1952年。《香港年报》记载，战乱使超过75万名来自全国各地的居民涌入香港。

换句话说，在1952年至1980年，两次逃港潮中有约60万逃港者越过戒备森严的边界进入香港，其中约40万人获准在港合法定居。

到了1981年，逃港者的数字出现了关键性转折：全年有7530名非法越境者被香港当局截获，1690人在边界以外的地区被发现。

一连串波峰浪谷的数字背后，是深圳河两岸30年的变化与起伏。

香港特区政府中央政策组顾问邵善波在接受本刊记者采访时表示，当年非法入境的原因有政治、经济因素，包括家庭理由，并以经济、家庭为主。在他看来，1962年香港出现大规模移民潮，也是内地因天灾出现饥荒而致。他援引80年代的数据：单是1962年就有约20万人逃来香港。而香港中文大学副校长廖柏伟查询的数据比较保守：1959年至1962年共14.2万人非法进入香港。

根据香港政府统计处人口统计组的数据，香港总人口就在这个期间跨过了300万大关，当时出生于内地的人口比重超过50%。每两个香港人中，就有一个来自内地。

从1963年开始，香港连续4年，出境人口多于入境人口。而此时的内地，正是1963年至1965年的“国民经济调整时期”。1966年“文革”兴起，其后两年香港入境人口再次超过出境人口。

二十世纪六七十年代内地居民不断逃港的另一个重要因素是：港英政府对逃港者几乎来者不拒。

当时香港人民入境事务处在高层授意下行使“酌情权”，可以在法条以外允许逃港者在港居住。结果只要到香港政府登记的非法入境者，都可以留在香港定居。换句话说，只要躲过内地一方的拦截，即使被香港警察抓到，也是成功逃港。

1972年开始，逃港者再次明显增加。到1974年已是1970年的5倍以上。于是港英政府又开始实施一种被称为“抵垒”的政策。“抵垒”政策的核心是：非法入境者如果能躲过香港边界拦截，进入市区得到居住场所，或与亲人见面，都可以在香港定居。被拦截者则遣返内地。

1978年，有11233人成功“抵垒”，另外8205人在香港一侧的边界地区被截获。1979年，102826人“抵垒”，另有89940人被遣返。1980年67964人成功，其中八九月间有5万人进入香港，有一半“抵垒”。

10月23日，不堪重负的香港政府终于宣布取消“抵垒”政策。此前已抵港的逃港者在3天内进行登记即可获得香港身份证。

“抵垒”政策的取消，代表着港英政府向逃港者敞开了数十年的大门彻底关闭。

1980年的另一个转折是，内地亦于此时全面启动改革开放。种种因素之下，逃港潮开始降温，来港者也更多是因为与家人团聚。

此后虽然仍有反复，但持续了30年的逃港潮已接近尾声。

新华社《瞭望东方周刊》，2008年12月11日（有删节）

# 深圳河水质达37年来最好水平

下一步将深圳河北岸碧道建设成为“城市的蓝脉，都市的阳台”。

傍晚时分，落日红霞。福田口岸连接深港两地的人行通道桥上人流如织。桥下，静静流淌的深圳河河水清澈，城市的高楼大厦倒映在水面。河道两岸草木葱茏，偶见几只白鹭飞过，画面美不胜收。

深圳河是深圳与香港的界河，发源于牛尾岭南坡，自东北向西南流入深圳湾，全长37公里。曾经在城市高速发展过程中，由于污水收集处理设施的不完善，深圳河除了承担防洪功能外，也接纳了大量的生活、生产污废水，导致河流黑臭。

经过近几年集中攻坚治理，2019年深圳河水质实现突破性改善，主要污染指标氨氮和总磷超标率持续降低。全年均值达地表水五类标准，旱季达到四类，为自1982年有监测数据以来的最好水平。深圳河（湾）吸引了大批珍稀鸟类以及白海豚回归栖息，成为“海上看深圳”的亮丽风景线。

## 系统治理，率先探索暗涵化河道治理方案

为治理深圳河流域的黑臭污染，深圳持续、系统地开展流域内污染治理工作，专门成立市水污染治理指挥部，对全市治水工作进行统筹指导，并抽调全市技术力量成立深圳河湾流域下沉督办协调组，在流域内

开展综合协调、技术指导、督查督办工作。

近年来，系统实施污水收集管网建设、雨污分流、小区内污染源正本清源、干支流及暗涵综合整治、污水处理厂提标改造扩建等措施，有效削减了进入深圳河的污染源。

据悉，自2016年以来，深圳河流域共实施80余项治水骨干工程，新增污水管网409公里，完成2044个正本清源小区建设，河湾流域污水处理能力达到228.6万吨/天，出水水质基本可达到准四类。这些措施有效消减了进入深圳河的污染源，水质净化厂的高标准出水为河道提供了源源不断的生态补水。

同时，率先在全市探索暗涵化河道治理方案，通过实施暗渠清淤、截污，打开暗渠总口，从根本上解决河流污染顽疾。2019年加速推进了福田河、新洲河、皇岗河、笔架山河、清水河等10余条暗涵化河道的清淤和截污纳管工程，整治暗涵总长达53.6公里，清淤总量为13.47万立方米，新建截污管48.7公里。



## 开拓创新，打造流域一体化治水新模式

深圳河流域（深圳境内）共有深圳河干流，以及莲塘河、沙湾河（深圳水库排洪河）、布吉河、福田河和皇岗河这5条支流，最终通过深圳河口进入深圳湾。其干支流、左右岸、上下游之间的水量和水质之间彼此影响，支流差则干流差，干流差则河口差。

长期以来，由于深圳河流域内共有多家排水运营单位，存在运营管理主体不一、流域治理碎片化问题。为改变过去“分头治理、头痛医头、脚痛医脚”模式，深圳最终决定以流域作为完整的系统单元，创新实施“厂网河一体化”全要素治理模式。

“厂网河一体化”全要素治理模式，通过构建流域一张信息网络，

打造流域一个管理平台，将流域内分散的各要素串联起来，充分发挥流域内排水设施的整体能力，提高流域污水收集、输送与处理保障水平，最大限度消减污染负荷。

在进一步优化管理，推行“厂网河”全要素调度的同时，扎实推进“排水管理进小区”，解决排水管理“最后一公里”问题；持续开展清“三池”（化粪池、隔油池、垃圾池）、治“三产”（餐饮、汽修、农贸市场）工作；下沉督导，包河到人，每天巡河，确保污水不入河。

## 成效显著，流域内主要河流水质明显改善

随着一系列工程措施的实施，以及深圳河流域实现全要素治理，近年来深圳河水质呈现持续好转趋势。根据市生态环境局提供的水质监测数据，位于深圳河口的国家考核控制断面水质已于2018年年底达到并优于地表水五类标准。在2018年年底达到五类水的基础上，2019年再上新台阶。

2019年1—12月主要水质指标溶解氧、氨氮、总磷浓度分别为3.45mg/L、1.57mg/L、0.23mg/L，同比分别改善29.2%、59.5%、25.1%，为自1982年有监测数据以来的最好水平。

流域内主要河流水质取得显著成效。目前，深圳河流域内18个黑臭水体、345个小微黑臭水体已全部实现消除黑臭，主要河流水质明显改善。

下一步，市水务部门将按照省委省政府开展万里碧道建设的总体部署，统筹谋划治水、治产、治城，优化生态、生产、生活空间格局，高标准地规划深圳河北岸碧道，提升城市环境品质，营造“水清岸绿、鱼翔浅底、水草丰美、白鹭成群”的生态廊道，将深圳河北岸建设为“城市的蓝脉，都市的阳台”。

董思，《深圳商报》，2020年1月10日

# 相关文献

[1] 深圳市档案馆. 明清两朝深圳档案文献演绎[M]. 深圳：海天出版社，2000.

[2] 深圳市政协文史资料选委员会. 深港关系史话[M]. 深圳：海天出版社，1997.

[3] 张一兵. 深圳旧志三种[M]. 深圳：海天出版社，2006.

[4]《宝安文史丛书》编纂委员会. 康熙新安县志校注[M]. 北京：中国大百科全书出版社，2006.

[5]《宝安文史丛书》编纂委员会. 嘉庆新安县志校注[M]. 北京：中国大百科全书出版社，2006.

[6] 弗兰克·韦尔什. 香港史[M]. 北京：中央编译出版社，2007.

[7] 茅海建. 天朝的崩溃[M]. 上海：三联书店，2005.

[8] 蓝诗玲. 鸦片战争[M]. 北京：新星出版社，2015.

[9] 王若兵. 深圳水利志[M]. 广州：广东科技出版社，1990.

[10] 王若兵. 深圳水务志[M]. 深圳：海天出版社，2001.

[11] 九龙海关编志办公室. 九龙海关志[M]. 广州：广东人民出版

社，1993.

[12] 陈秉安. 大逃港[M]. 广州：广东人民出版社，2016.

[13] 深圳市史志办公室. 深圳十九镇简志[M]. 深圳：海天出版社，1996.

[14] 南兆旭. 深圳自然笔记[M]. 深圳：深圳报业集团出版社，2013.

[15] 王京生. 深圳梦：100个深圳人的成长史[M]. 深圳：深圳报业集团出版社，2013.

[16] 李振河. 深圳，一个城市的奇迹[M]. 北京：中国文史出版社，2008.

[17] 彭全民. 深圳掌故漫谈[M]. 深圳：深圳报业集团出版社，2015.

[18] 陈寅. 鹏程[M]. 深圳：海天出版社，2011.

资料画册：

1.《深圳口岸百年沧桑》 / 深圳市政府口岸办公室

2.《融汇聚变三十年——深港联合治理深圳河纪事》 / 深圳市水务局

3.《深圳海关——九龙海关更名纪念》 / 《深圳海关》大型纪念画册编委会

4.《深圳河北岸生态廊道空间整合基础研究》/深圳市规划国土发展研究中心

（感谢资料画册编撰者所提供的部分资料图片）

# 后记

在我的眼里，深圳河依旧是“熟悉的陌生人”。

在深圳生活了37年，我很遗憾没有见识过深圳河的“素颜”。在我的深圳记忆里，畅游深圳河一直是一种调侃，殊不知在更早的时空，那是千人大巡游的盛景。

1983年，上小学的我第一次与深圳河相遇。同学住在下步庙小区，由此望见上步码头以及深圳河。在深圳人的生活里，铁丝网里的深圳河不是一个受欢迎的角色：台风暴雨需要提防着街上积水，平常日子也是臭味逼人。



我总在想，假如深圳河可以选择，会欢迎深圳人的到来吗？或许不会。深圳河的故事，是一个城市化的典型个案。急剧增长的人口以及相对滞后的管理，让深圳河不再成为曾经的“清河”和“明溪”。高楼大厦出现的同时，还有一部“清河消亡史”。现在的深圳人不会想到，银湖的下游是一条变成“下水道”的笔架山河；不会想到，香蜜湖是一座水库，还有一条小河通往深圳湾；不会想到，罗湖原来有座山，而福田保税区曾是红树林。

大学毕业当上记者，曾经长期负责口岸报道。在我的眼里，这条和深圳人似乎没多大关系的河流，变得格外神秘。我可以大胆揣测，骆克当年勘测新界，在深圳河的命名上应该是“澳门”的翻版。深圳河得名于深圳墟，深圳墟前那条“深深的水沟”，应该是现在的布吉河。深圳河的得名，其实只有120多年历史。在时间的长河里，不要说深圳河模糊不清，深圳墟同样如此。在文献记载里，深圳墟出现在明朝后期。

“新界”的划定，让深圳河正式走进历史，也影响着深圳日后的走向。毫无疑问，毗邻香港的地理位置，让深圳在政治上是边境前哨，在经济上是口岸重镇。

这条得名自深圳的河流，影响着许许多多的普通人。在我的采访对象里，有在罗湖联检大楼一年完成一次“长征”的海关关员，也有为了一趟几十港币奔跑不息的深港水客，还有那些并不掩饰偷渡客背景的香港商人。

在我的日常生活中，同样留下了深圳河的痕迹。报社相熟的摄影同事，曾经是深圳河边站岗的“回归兵”；邻居那位一年前来看望她一两次的老母亲，就是当年罗湖桥头抓特务的“边防雏鹰”；自己相识的新闻界前辈，写出了《逃港者》剧本。

记录深圳，深圳河不能缺席。这本《深圳河》，只是个人观察。在我的眼里，深圳河依旧是“熟悉的陌生人”：

我看到的，只是城市背景的深圳河，原生态的深圳河只有影像；

我看到的，只是文献记载的深圳河，更久远的深圳河仍是空白；

我看到的，只是深圳视角的深圳河，并非一河两岸的完整表述。

钱飞鸣

2020年3月

总策划 / 出版人：

胡洪侠

策划编辑：

孔令军

责任编辑：

谭祎波　吴　萌

校对：

杨　杰　何杏蔚　程晓玲

装帧设计：

杨　军　任　敏

图书在版编目（CIP）数据

深圳河：水纪 / 钱飞鸣著. -- 深圳：深圳报业集团出版社，2021.2

ISBN 978-7-80709-951-2

Ⅰ. ①深… Ⅱ. ①钱… Ⅲ. ①河流－介绍－深圳 Ⅳ. ①K928.42

中国版本图书馆CIP数据核字(2020)第270647号

深圳河：水纪

Shenzhenhe Shuiji

**钱飞鸣** / 著

深圳报业集团出版社出版发行

（深圳市福田区商报路2号 518034）

雅昌文化（集团）有限公司印制

新华书店经销

开本：889mm × 1230mm 1/32

字数：200千字

版次：2021年2月第1版　2021年2月第1次印刷

印张：8.75

ISBN 978-7-80709-951-2

定价：68.00元